TOEIC® L&R TEST
読解 特急6
トリプルパッセージ編

神崎 正哉　TEX 加藤　Daniel Warriner

朝日新聞出版

編集協力 ——— 渡邉真理子
Joe F
Bradly Towle
たか
ささきりか

録音協力 ——— 英語教育協議会（ELEC）
東健一
Emma Howard
Howard Colefield

もくじ

出発の前に

神崎
「読解特急シリーズ」の第6弾は「トリプルパッセージ編」です。トリプルパッセージ（3文書問題、以下、TP）は、2016年5月の問題形式変更で導入された新しいタイプの問題で、3つの関連した文書を読んで5つの設問に答えるという形式です。実際のTOEICでは、テストの最後に3セット15問出題され、問題番号は186～200になります。

TEX
本書はTPの練習に特化した学習書で、TPのみ20セット、合計100問入っています。TPの特徴は、2つの文書に出てきた情報を関連付けて解くcross-reference問題（相互参照問題、以下、クロス問題）があることです。1セット3文書なので、クロス問題の組み合わせは、

- 第1－第2文書間
- 第1－第3文書間
- 第2－第3文書間

の3通りになります。実際のTOEICでは、各セットこの3通りの組み合わせの中から2問のクロス問題が入っているのが普通ですが、本書では皆さんにクロス問題に慣れてもらいたいので、3問用意したセットもあります。

クロス問題がTP攻略の鍵になりますからね。解き方のコツは、複数の文書上に出てくる共通情報を手掛かりに、2つの文書を関連付けることです。

この「共通情報」は単語だったり、固有名詞だったりする場合が多いんですよね。「複数の文書上の共通語はクロス問題のヒント」というのが、TPを解く際の重要な指

針になります。でも、難易度の高い問題では、その部分が言い換え表現になっていたり、文単位で表されていたりすることもありますので、気を付けてください。

ダン

あと、クロス問題は具体性に欠ける「ふわっとした情報」に絡めて作られることがよくあります。例えば、「あなたのセミナーは、一番広い部屋に変更になりました」とだけ記されていて、具体的にどの部屋になったかは書かれていない、というような場合です。別の文書に部屋の大きさを示す情報があり、そこから一番広い部屋を探して答えを選びます。「ふわっとした情報」はクロス問題に使われやすい、と覚えておくといいかもしれません。

また、ある条件が1つの文書で示されていて、その条件に合う商品、サービス、物件等を別の文書から選ぶというのもクロス問題の典型的なパターンのひとつです。

例えば、1つ目の文書で、「100ドル以上の商品は10%引き」と表示されていて、2つ目の文書で、注文リストから100ドル以上の商品を選び、割引になる商品を答える、といった形です。本書を使って、TPを20セット100問解けば、このようなクロス問題にだいぶ慣れてくると思います。

そうですね。TPに対して苦手意識を持っている学習者が多いようですが、クロス問題の解き方さえマスターすれば、残りの問題はシングルパッセージ（単文書問題）と同じやり方で解けるので、苦手意識も克服できるはずです。

本書が皆さんのスコアアップに役立つことを願っています。

2020年11月
著者一同

本書の音声

本書の英文パッセージは、プロのナレーターにより朗読されています。男性は米国のHoward Colefieldさん、女性は英国のEmma Howardさんです。

音声データ（mp3データ）は、お手持ちのパソコンにより、朝日新聞出版のHPから無料でダウンロードできます。

https://publications.asahi.com/toeic/

そのデータをお聴きになる場合は、iTunesなどのメディアプレーヤーに音声データ（mp3データ）を取り込み、同期してください。

また、アプリで音声をお聴きになる場合は、次ページの案内をご覧ください。

アプリで音声を聴く場合

AI英語教材アプリ abceed

iOS・Android 対応

無料のFreeプランで音声が聞けます

＊ご使用の際は、アプリをダウンロードしてください
＊ abceed 内には本書の有料アプリ版もあります
　使い方は、www.abceed.com でご確認ください

https://www.abceed.com/

一歩ずつ進もう

トリプルパッセージ

20セット×5問
＝100問

Questions 1–5 refer to the following advertisement and e-mails. 1

Do you need help moving?
Call the professionals at Colton Movers.

555-4734

info@coltonmovers.com

With great customer service, our movers will help you change locations with ease. We serve residential and commercial customers looking to move in or around Colton City. For additional fees, we can handle moves across the state or even to another country.

Get in touch with us for a free estimate. We can also discuss the job with you in person and figure out how many boxes you will need from us.

From: Chris Foster <cfoster@dmail>
To: Julia Jenson <info@coltonmovers.com>
Subject: Moving in September
Date: August 28
Attachment:

Dear Ms. Jenson,

Thank you for sending the estimate. The price is reasonable considering that I will be moving to another country. Moreover, I am glad that Colton Movers can pack everything for me. Later this week, I will drop by your office to sign the service contract.

I have one concern that I forgot to mention over the phone. My dining room table, which is unusually long, is an antique that cannot be disassembled. The legs will have to stay on during the move. I have attached pictures of the table. Could you please have a look and let me know if it will fit in your truck?

Thank you.

Chris Foster

E-Mail Message

From:	Julia Jenson <info@coltonmovers.com>
To:	Chris Foster <cfoster@dmail>
Subject:	September Move
Date:	August 29

Dear Mr. Foster,

Thank you for choosing Colton Movers for your upcoming move. You will be happy to know that the truck is big enough for your antique table. Proper packing is key when it comes to ensuring the safety of furniture, especially antiques, during transport. We will therefore cover the legs in bubble wrap and secure the table in a wooden crate so it will not move around inside the truck.

Our office is open every day, and our business hours are 8:30 A.M. through 7:00 P.M. Please stop by any time we are open to go over the details of your move and sign the service contract.

Warmest regards,

Julia Jenson
Colton Movers

1. What is indicated about Colton Movers?

(A) It has more than one location.
(B) It will move its head office.
(C) It provides customers with boxes.
(D) It offers a storage service.

2. What is suggested about Mr. Foster?

(A) He will sell a dining room table.
(B) He will pay an additional fee.
(C) He will revise an agreement.
(D) He will take apart a table.

3. Why does Mr. Foster express some concern in his e-mail?

(A) A piece of furniture might be too big.
(B) Some packing is behind schedule.
(C) A price might be too high.
(D) He cannot find some assembly instructions.

4. What is suggested about Ms. Jenson?

(A) She will lease a truck to Mr. Foster for all of September.

(B) She will receive a key to Mr. Foster's residence.

(C) She has to wear protective clothing when loading Mr. Foster's items.

(D) She viewed photographs of Mr. Foster's property.

5. What does Ms. Jenson encourage Mr. Foster to do?

(A) Reserve a table

(B) Meet her in the morning

(C) Visit her workplace

(D) Unwrap some packages

1. 正解 (C)

広告の後半に figure out how many boxes you will need from us.（お客様が弊社からいくつ段ボール箱が必要になるか算出する）とあるので、Colton Moversが顧客に段ボール箱を提供することがわかる。

2. 正解 (B)

1つ目のEメール第1段落の The price is reasonable considering that I will be moving to another country.（他国に引越しをすることを考えると、この価格は妥当です）から、Mr. Fosterが国外へ移転しようとしていることがわかる。また、広告のFor additional fees, we can handle moves across the state or even to another country.（追加料金で州全域、さらには他国へのお引越しにも対応いたします）から、国外への引越しには追加料金がかかることがわかる。よって、Mr. Fosterは追加料金を支払う必要があることになるので、(B) が正解。

第1－第2文書間のクロス問題です。通常、クロス問題は、「第1－第2文書」「第1－第3文書」「第2－第3文書」の3通りの組み合わせの中から、2つ出題されます。

3. 正解 (A)

1つ目のEメールの第2段落で、Mr. Fosterは電話で言い忘れた懸念として、大きなダイニングテーブルがあり、それはアンティーク品で分解ができないので、トラックに入るかどうか確認してほしいと頼んでいる。よって、(A) A piece of furniture might be too big.（家具が大きすぎるかもしれない）が正解。

設問中の Mr. Foster と in his e-mail から、Foster さんが出した1つ目のメールを読めば解けるタイプの問題だとわかります。

4. 正解 (D)

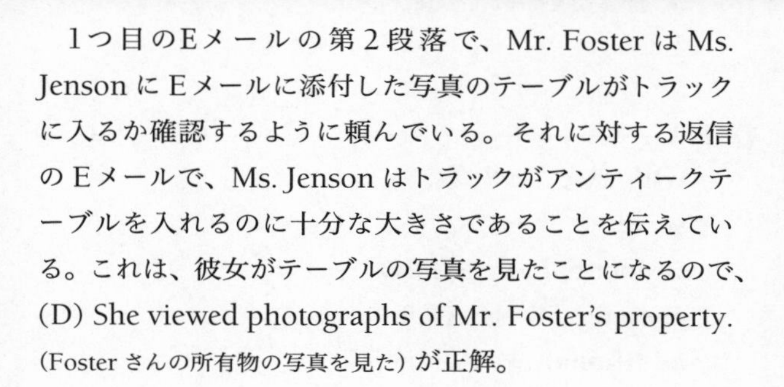

1つ目のEメールの第2段落で、Mr. Foster は Ms. Jenson に Eメールに添付した写真のテーブルがトラックに入るか確認するように頼んでいる。それに対する返信のEメールで、Ms. Jenson はトラックがアンティークテーブルを入れるのに十分な大きさであることを伝えている。これは、彼女がテーブルの写真を見たことになるので、(D) She viewed photographs of Mr. Foster's property.（Foster さんの所有物の写真を見た）が正解。

第2－第3文書間のクロス問題です。選択肢中の property は「所有物、不動産」という意味の TOEIC 頻出語です。ここでは、本文中の antique（アンティーク品）が property に言い換えられています。

5. 正解 (C)

2つ目のEメールの第2段落にPlease stop by any time we are open (営業時間内にいつでもお立ち寄りください) とあるので、(C) Visit her workplace (彼女の職場を訪問する) が正解。

設問の内容から、Jensonさんから Fosterさんへの2つ目のメールを読めば解ける問題だとわかります。本文中の stop by (立ち寄る) が選択肢では visit (訪れる) に言い換えられています。

語注

- □ **with ease**　簡単に
- □ **serve**　動 サービスを提供する
- □ **residential**　形 住宅用の
- □ **commercial**　形 商業用の
- □ **additional**　形 追加の
- □ **fee**　名 料金
- □ **handle**　動 対応する
- □ **state**　名 州
- □ **get in touch with ～**　～と連絡を取る
- □ **estimate**　名 見積もり
- □ **in person**　直接会って
- □ **figure out**　算出する
- □ **reasonable**　形 妥当な

□ **consider** 動 考慮する
□ **moreover** 副 さらに
□ **pack** 動 梱包する
□ **drop by ～** ～に立ち寄る
□ **contract** 名 契約書
□ **concern** 名 懸念
□ **mention** 動 言う
□ **unusually** 副 非常に
□ **antique** 名 アンティーク品
□ **disassemble** 動 分解する
□ **stay on** 付いたままの状態でいる
□ **attach** 動 添付する
□ **have a look** 見る
□ **fit in ～** ～に入る
□ **upcoming** 形 もうすぐ行われる
□ **proper** 形 適切な
□ **when it comes to ～** ～に関して言えば
□ **ensure** 動 確実にする
□ **especially** 副 特に
□ **transport** 名 輸送
□ **therefore** 副 よって
□ **bubble wrap** 気泡シート
□ **secure** 動 固定する
□ **wooden** 形 木製の
□ **crate** 名 木枠
□ **business hours** 営業時間

□ **stop by** 立ち寄る

□ **go over ～** ～を確認する

□ **detail** 名 詳細

□ **location** 名 支店

□ **head office** 本社

□ **storage** 名 保管

□ **suggest** 動 示す

□ **revise** 動 見直す

□ **agreement** 名 契約

□ **take apart ～** ～を分解する

□ **express** 動 表す

□ **behind schedule** 予定より遅れて

□ **assembly** 名 組立

□ **instruction** 名（複数形 instructions で）説明書

□ **lease** 動（料金を取って）貸す

□ **protective** 形 防護の

□ **load** 動 積み込む

□ **property** 名 所有物

□ **encourage** 動 勧める

□ **reserve** 動 予約する

□ **unwrap** 動 解梱する

訳

問題1～5は次の広告とEメールに関するものです。

Colton Movers

引越しのお手伝いは必要ですか。

Colton Movers の専門家にお電話ください。

555-4734

info@coltonmovers.com

優れたカスタマーサービスで、弊社の引越作業員はお客様が簡単にお引越しできるようにお手伝いいたします。弊社は、Colton City 内および周辺地域への引越しを検討されている住居または事業用のお客様へサービスを提供しています。追加料金で州全域、さらには他国へのお引越しにも対応いたします。

無料のお見積もりは弊社にご連絡ください。また、直接お会いして作業について話し合い、お客様が弊社からいくつ段ボール箱が必要になるか算出することも可能です。

送信者：Chris Foster <cfoster@dmail>
宛先：　Julia Jenson <info@coltonmovers.com>
件名：　9月の引越し
日付：　8月28日
添付：

Jenson 様

見積もりをお送りいただきありがとうございます。他国に引越しをすることを考えると、この価格は妥当です。さらに、Colton Movers がすべての梱包を行えるということをうれしく思います。今週の後半に、御社の事務所に立ち寄り作業契約書に署名いたします。

電話で言い忘れた心配事がひとつあります。私のダイニングテーブルは非常に長く、アンティーク品で分解できません。脚が付いたままの状態で輸送する必要があります。テーブルの写真を添付しました。写真をご覧いただき、御社のトラックに入るかどうか教えていただけますでしょうか。

よろしくお願いいたします。

Chris Foster

送信者：Julia Jenson <info@coltonmovers.com>
宛先：Chris Foster <cfoster@dmail>
件名：9月の引越し
日付：8月29日

Foster 様

この度のお引越しにColton Moversをお選びいただきありがとうございます。弊社のトラックはあなたのアンティークテーブルの輸送に十分な大きさですので、ご安心ください。家具、特にアンティーク品の輸送中の安全を確保するには、適切な梱包が鍵となります。よって、脚を気泡シートで覆い、トラックの中でテーブルが動かないように木製の箱枠で固定します。

弊社のオフィスは毎日営業しており、営業時間は午前8時半から午後7時までになります。お引越しの詳細を確認していただき、作業契約書にご署名いただけますよう、営業時間内にいつでもお立ち寄りください。

敬具

Julia Jenson
Colton Movers

1. Colton Movers について何が示されていますか。

(A) 複数の支店がある。
(B) 本社を移転する。
(C) 顧客に段ボール箱を提供する。
(D) 保管サービスを提供している。

2. Foster さんについて何が示されていますか。

(A) ダイニングテーブルを販売する。
(B) 追加料金を支払う。
(C) 契約を見直す。
(D) テーブルを分解する。

3. Foster さんはなぜ、E メールで懸念を表していますか。

(A) 家具が大きすぎるかもしれない。
(B) 梱包が予定より遅れている。
(C) 値段が高すぎるかもしれない。
(D) 組立説明書を見つけることができない。

4. Jenson さんについて何が示されていますか。

(A) 9月中ずっと、Foster さんにトラックを貸す。
(B) Foster さんの住居の鍵を受け取る。
(C) Foster さんの物を積み込むときに防護服を着なければならない。
(D) Foster さんの所有物の写真を見た。

5. Jenson さんは Foster さんに何をするよう勧めていますか。

(A) テーブルを予約する
(B) 朝、彼女に会う
(C) 彼女の職場を訪問する
(D) 一部のパッケージを解梱する

Questions 6–10 refer to the following article, advertisement, and e-mail. 2

The Fiddlers Shop to Close its Doors

CHARLOTTESVILLE (JUNE 28)—Andrew Friedrich, owner of The Fiddlers Shop on Hawthorne Street, has spent twenty years repairing and restoring violins and other string instruments. Next month, he will close his business before starting a new career at the College of Musical Instrument Technology. Mr. Friedrich plans to teach a course on violin tuning and repair. "I've enjoyed my work, but it's time for me to pass on my craft to a new generation of artisans," he said.

Before The Fiddlers Shop closes, Mr. Friedrich would like to sell his remaining inventory. "In July, all our instruments will be available at a discounted price except for one-of-a-kind violins," he said. "If anyone is looking for a great bargain, they should definitely browse our merchandise before we close for good on July 31."

The Fiddlers Shop

Phone: 555-0129

Violin Repairs, Rentals, and Sales

www.thefiddlersshop.com

The Fiddlers Shop has long been Charlottesville's premier location for buying a violin and for instrument repairs. Here are just a few of the violins we are selling this July:

- **Ludwik Skarzanka:** Hand-carved violin made of maple wood
  Regular price: $480 → Sale price: $430

- **Ricardo Blevins:** Hand-carved spruce violin made in England
  Regular price: $870 → Sale price: $820

- **Harold Otto:** Violin made of boxwood in Germany in 1922
  Regular price: $1,290

- **Nigel Marwick:** Violin made of rosewood with a strong sound
  Regular price: $960

- **Leopold Kramer:** Ebony violin that is perfect for beginners
  Regular price: $650 → Sale price: $590

E-Mail Message

From: Wendy Harris
To: Andrew Friedrich
Subject: Inquiry
Date: July 2

Dear Mr. Friedrich:

I read about your shop in the newspaper and was sorry to hear that it will be closing. You sold my family my first violin when I was a child, and I have since purchased two other instruments from your shop.

Your advertisement in the newspaper also caught my attention, and I would like to buy the Ricardo Blevins you are selling. One of my classmates at the College of Musical Instrument Technology has one, and it plays very well. Could you put the instrument aside for me until the weekend? I can pay for it on Saturday, July 6.

Additionally, I will take your course in the fall. I'm looking forward to it very much.

Best regards,

Wendy Harris

6. Why is Mr. Friedrich closing his business?

(A) Because he will open another store
(B) Because he gets few customers
(C) Because he cannot afford a rent
(D) Because he will change his job

7. Which violin is most likely one of a kind?

(A) The Ludwik Skarzanka
(B) The Ricardo Blevins
(C) The Nigel Marwick
(D) The Leopold Kramer

8. What kind of violin does Ms. Harris want to purchase?

(A) A maple violin
(B) A spruce violin
(C) A boxwood violin
(D) A rosewood violin

9. What does Ms. Harris ask Mr. Friedrich to do?

(A) Hold a product for her
(B) Provide price information
(C) Meet with her classmate
(D) Update a list of inventory

10. What does Ms. Harris plan to do in the fall?

(A) Have her instrument restored
(B) Study violin tuning and repair
(C) Perform in a classical music concert
(D) Write an article for a newspaper

6. 正解 (D)

記事の第1段落に Next month, he will close his business before starting a new career at the College of Musical Instrument Technology. (彼は、College of Musical Instrument Technology での新しい仕事を始める前に、来月店を閉める) とあるので、(D) Because he will change his job (仕事を変えるので) が正解。

TOEICの世界では、転職して失敗する人は見たことがありません。また、「今の会社がブラックだから」といったネガティブな理由で転職する人もいません。

7. 正解 (C)

記事の第2段落に In July, all our instruments will be available at a discounted price except for one-of-a-kind violins (7月には、希少価値のあるバイオリンを除き、すべての楽器が割引になります) とあるので、希少価値のあるバイオリンは割引されていないことがわかる。広告を見ると割引されていないバイオリンは、Harold Otto と Nigel Marwick なので、(C) The Nigel Marwick が正解。

第1－第2文書間のクロス問題です。3つの文書のうち1つが記事の場合、そこからクロス問題を含めて2問出題される可能性が高いので、しっかり読みましょう。

8. 正解 (B)

Eメールの第2段落にI would like to buy the Ricardo Blevins you are selling.(あなたが販売しているRicardo Blevinsを購入したいと思います)とあり、広告のRicardo Blevinsの説明にHand-carved spruce violin made in England.(イギリス製の手彫りのトウヒ材バイオリン)とあるので、Ms. Harrisが購入を希望しているのは、(B) A spruce violin(トウヒ材バイオリン)であることがわかる。

このRicardo Blevinsのような固有名詞が、2つの異なる文書に出てきた場合、クロス問題を解くキーワードになるケースがよくあります。「あ、この単語さっきの文書でも見たな」と思ったら、いったん戻って確認するようにしましょう。

9. 正解 (A)

Eメールの第2段落でMs. Harrisは、Could you put the instrument aside for me until the weekend?(週末まで私のためにその楽器を取っておいていただけますでしょうか)と頼んでいるので、(A) Hold a product for her(彼女のために商品を取っておく)が正解。

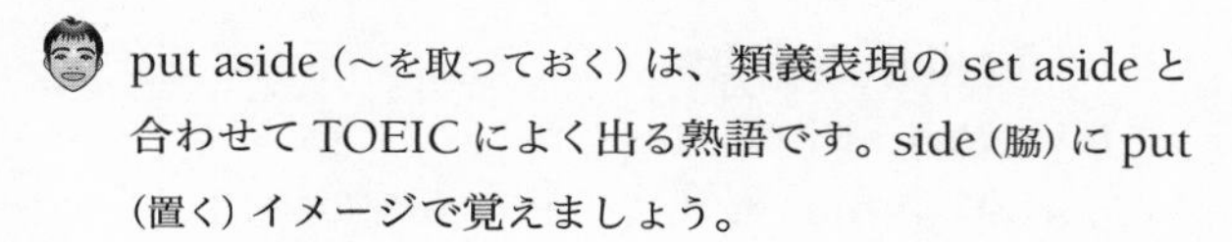

put aside(～を取っておく)は、類義表現のset asideと合わせてTOEICによく出る熟語です。side(脇)にput(置く)イメージで覚えましょう。

10. 正解 (B)

Eメールの第3段落にAdditionally, I will take your course in the fall.(さらに、私は秋にあなたの授業を受講します)とあり、記事の第1段落にMr. Friedrich plans to teach a course on violin tuning and repair. (Friedrichさんはバイオリンの調律と修理のコースを教える予定である)とある。これらの記述からMs. Harrisが秋にMr. Friedrichのバイオリンの調律と修理のコースを受講するとわかるので、(B) Study violin tuning and repair (バイオリンの調律と修理を学ぶ)が正解。

語注

- □ **fiddler** 名 バイオリニスト
- □ **restore** 動 修復する
- □ **string** 名 弦
- □ **instrument** 名 楽器
- □ **tuning** 名 調律
- □ **pass on A to B** AをBに伝える、伝授する
- □ **craft** 名 技術、技能
- □ **generation** 名 世代
- □ **artisan** 名 職人
- □ **remaining** 形 残りの
- □ **inventory** 名 在庫
- □ **one-of-a-kind** 形 比類なき、希少価値のある
- □ **bargain** 名 お買い得品

□ **definitely** 副 確実に
□ **browse** 動 (商品を) 見て回る
□ **merchandise** 名 商品
□ **for good** これを最後に、永久に
□ **premier** 形 最高の、一流の、首位の
□ **location** 名 店
□ **hand-carved** 形 手彫りの
□ **carve** 動 彫る、彫刻する
□ **maple** 名 カエデ
□ **regular** 形 通常の
□ **spruce** 名 トウヒ
□ **boxwood** 名 ツゲ
□ **rosewood** 名 ローズウッド
□ **ebony** 名 黒檀
□ **inquiry** 名 質問、問い合わせ
□ **since** 副 その後、それ以降
□ **catch one's attention** ～の注意を引く
□ **play** 動 (楽器の) 音が出る
□ **put ～ aside** ～を取っておく
□ **additionally** 副 さらに、その上
□ **afford** 動 (金銭的な) 余裕がある
□ **rent** 名 家賃
□ **update** 動 更新する
□ **classical music** クラシック音楽

訳

問題6～10は次の記事、広告、Eメールに関するものです。

The Fiddlers Shop 閉店へ

Charlottesville（6月28日）—— Hawthorne Street にある The Fiddlers Shop のオーナー、Andrew Friedrich は、バイオリンやその他の弦楽器の修理と修復に20年を費やしてきた。彼は、College of Musical Instrument Technology での新しい仕事を始める前に、来月店を閉める。Friedrich さんはバイオリンの調律と修理のコースを教える予定である。「私は自分の仕事を楽しんできましたが、私の技術を新しい世代の職人へ伝える時が来ました」と彼は述べた。

The Fiddlers Shop を閉める前に、Friedrich さんは残りの在庫を売りたいと思っている。「7月には、希少価値のあるバイオリンを除き、すべての楽器が割引になります」と彼は語った。「お買い得品をお求めの方は、7月31日を最後に閉店する前に必ず当店の商品を見に来てください。」

The Fiddlers Shop

電話：555-0129

バイオリンの修理、レンタル、および販売

www.thefiddlersshop.com

The Fiddlers Shop はバイオリンの購入や楽器の修理において、Charlottesville で長きに渡り最優良店でした。以下、今年7月に販売しているバイオリンのほんの一部です。

Ludwik Skarzanka：手彫りのカエデ材バイオリン
通常価格：480ドル → セール価格：430ドル

Ricardo Blevins：イギリス製の手彫りのトウヒ材バイオリン
通常価格：870ドル → セール価格：820ドル

Harold Otto：1922年にドイツで作られたツゲ材バイオリン
通常価格：1,290ドル

Nigel Marwick：強い音のローズウッド材バイオリン
通常価格：960ドル

Leopold Kramer：初心者に最適な黒檀材バイオリン
通常価格：650ドル → セール価格：590ドル

送信者：Wendy Harris
宛先：　Andrew Friedrich
件名：　問い合わせ
日付：　7月2日

Friedrich 様

私は貴店のことを新聞で読み、閉店するのを知って残念に思いました。子供の頃、家族が私の最初のバイオリンを購入し、その後、私は貴店でさらに2つ楽器を購入しました。

新聞掲載の広告も私の注意を引きました。あなたが販売している Ricardo Blevins を購入したいと思います。College of Musical Instrument Technology の級友のひとりがそれを持っていて、それはとても良い音が出ます。週末まで私のためにその楽器を取っておいていただけますでしょうか。 私は7月6日土曜日にお支払いすることができます。

さらに、私は秋にあなたの授業を受講します。それをとても楽しみにしています。

敬具

Wendy Harris

6. Friedrichさんが店を閉めるのはなぜですか。

(A) 別の店を開くので
(B) 顧客が少ないので
(C) 家賃を払う余裕がないので
(D) 仕事を変えるので

7. どのバイオリンが希少価値のあるものですか。

(A) Ludwik Skarzanka
(B) Ricardo Blevins
(C) Nigel Marwick
(D) Leopold Kramer

8. Harrisさんはどの種類のバイオリンを購入したいと思っていますか。

(A) カエデ材バイオリン
(B) トウヒ材バイオリン
(C) ツゲ材バイオリン
(D) ローズウッド材バイオリン

9. HarrisさんはFriedrichさんに何をするように頼んでいますか。

(A) 彼女のために商品を取っておく
(B) 価格情報を提供する
(C) 級友と会う
(D) 在庫リストを更新する

10. Harrisさんは秋に何をする予定ですか。

(A) 楽器を修復してもらう
(B) バイオリンの調律と修理を学ぶ
(C) クラシック音楽のコンサートで演奏する
(D) 新聞記事を書く

Questions 11–15 refer to the following instructions, letter, and article. 3

Maxmal Suit Design Contest

Maxmal Magazine is now accepting entries for its Suit Design Contest. To participate, carefully follow these rules for preparing and submitting your design.

Rule 1: Each entrant must create one design of either a suit for men or a suit for women. Participants may enter only one design into the contest.

Rule 2: The design must show both the front and back of the suit. Additional sketches showing other angles are encouraged but not required.

Rule 3: Entrants can use a pen, pencil, marker, or paint, or a combination of these, to create their design.

Rule 4: All submissions must include the entrant's name, address, and phone number.

A professional tailor will make the suit sketched by the grand prize winner, who will also win $5,000 in cash and a free year's subscription to *Maxmal Magazine*. Please send your entry by October 31 to *Maxmal Magazine*, Attn: Suit Design Contest Judges, 9864 East 56th Street, New York City, NY 10022.

September 14

Maxmal Magazine
9864 East 56th Street,
New York City, NY 10022

To the Contest Judges:

Thank you for this opportunity to compete in the Suit Design Contest. Enclosed are my designs for both a men's suit and a women's suit. I used a pen and marker to sketch the men's suit, and for the other design I used a pen, marker, and paint.

I have always wanted to be a fashion designer. In fact, I have sketches of dresses that I drew when I was just three years old! While neither of my suits may be the best in your contest, the experience of creating them has been very enjoyable.

Thank you,

Darlene Conner

Darlene Conner

Maxmal Fashion Contest Winner Revealed

Every year, *Maxmal Magazine* assembles a group of professional fashion designers to choose a winner in its business fashion contest. Budding designers from across the country take part in the competition for a chance to see their design become a reality.

Contestants this year had to design a business suit. The winner, Darlene Conner, from Waterbury, Connecticut, won for her creativity and skill.

"All of the 136 sketches submitted to the contest were brilliant," *Maxmal Magazine* noted on its Web site. The panel of judges included Geoffrey Klein and Monica Blass.

"What I really liked about Ms. Conner's suit were the blue pinstripes and slanted chest pocket," Mr. Klein remarked. Ms. Blass said: "I love buttons, and the winning suit has five. It's something I'd wear, and I'm sure lots of other women would, too."

11. According to the instructions, what must entrants do?

(A) Show at least two sides of a suit
(B) Provide accurate measurements
(C) Submit their work over the Internet
(D) List some materials that were used

12. What did Ms. Conner NOT use for her sketches?

(A) A pen
(B) A pencil
(C) A marker
(D) Some paint

13. What is probably true about Ms. Conner's designs?

(A) Only one includes buttons and pockets.
(B) Only one was accepted for the contest.
(C) She submitted both of them in person.
(D) She created both of them for women.

14. What is Geoffrey Klein's profession?

(A) Magazine editor
(B) Store manager
(C) Marketing specialist
(D) Fashion designer

15. What is suggested about Ms. Conner?

(A) Her design will appear in a magazine.
(B) The suit she designed will be sold soon.
(C) She received some prize money.
(D) She is moving to New York City.

11. 正解 (A)

説明文の Rule 2 に The design must show both the front and back of the suit. (デザインはスーツの正面と背面の両方がわかるようにしてください) とあるので、(A) Show at least two sides of a suit (スーツの少なくとも2つの面を見せる) が正解。

問題文に according to (〜によると) とある場合、該当する文書だけを読めば解ける問題です。

12. 正解 (B)

手紙の第1段落に I used a pen and marker to sketch the men's suit, and for the other design I used a pen, marker, and paint. (私はペンとマーカーを使って男性のスーツをスケッチし、もう1つのデザインにはペンとマーカーと絵具を使いました) とあるので、Ms. Conner が使わなかったのは、(B) A pencil (鉛筆)。

NOT 問題は、選択肢を一つ一つ本文の内容と照合する必要があるので、通常解くのに時間がかかります。時間に余裕のないときは、優先順位を下げ、他の問題から先に解きましょう。

13. 正解 (B)

手紙の第1段落に Enclosed are my designs for both a men's suit and a women's suit.（男性用スーツと女性用スーツの両方のデザインを同封いたします）とあるが、説明文の Rule 1 に Each entrant must create one design of either a suit for men or a suit for women. Participants may enter only one design into the contest.（各参加者は、男性用スーツまたは女性用スーツのいずれか1つのデザインを作成する必要があります。参加者は、1つのデザインのみ応募することができます）とあるので、Ms. Conner が送った2つのデザインのうち、1つしか受け付けられていないはずである。よって、(B) Only one was accepted for the contest.（1つのものだけがコンテストに受け付けられた）が正解。

問題文中に、probably true（おそらく正しい）や most likely（おそらく）といった表現があれば、本文中の情報から推測して、最も可能性が高い答えを選ぶ必要があります。答えが本文中に明記されていないため、通常難易度は高めになります。

14. 正解 (D)

記事の第1段落の Every year, *Maxmal Magazine* assembles a group of professional fashion designers to choose a winner in its business fashion contest.（毎年、Maxmal Magazine はビジネスファッションコンテストの優勝者を選ぶために、プロのファッションデザイナーを集める）から、優勝者

を決めるのは、プロのファッションデザイナーであることがわかる。さらに同記事第3段落の The panel of judges included Geoffrey Klein and Monica Blass.（審査員には、Geoffrey Klein と Monica Blass が含まれていた）から、Geoffrey Klein は、審査員であることがわかる。審査員は、プロのファッションデザイナーなので、(D) が正解。

問題文中の profession は、主に、専門性の高い職業を指します（その仕事を行うのが professional です）。類義語の occupation（職業）も重要語です。合わせて覚えましょう。

15. 正解 (C)

説明文に A professional tailor will make the suit sketched by the grand-prize winner, who will also win $5,000 in cash and a free year's subscription to *Maxmal Magazine*.（プロのテーラーが大賞受賞者のスケッチしたスーツを作り、さらに大賞受賞者は賞金5,000ドルが授与され、Maxmal Magazine の年間購読が無料になります）とあるので、優勝者の Ms. Conner は、賞金5,000ドルを受け取っているはずである。よって、(C) She received some prize money.（いくらかの賞金を受け取った）が正解。

第1－第3文書間のクロス問題です。コンテストの応募条件や賞品、授賞式等の詳細は、しばしばクロス問題の出題ポイントになります。コンテストの募集要項を読んだ際、内容をしっかり把握しておきましょう。

語注

- □ **instruction** 名（複数形instructionsで）説明、説明書
- □ **entry** 名 応募、エントリー作品
- □ **participate** 動 参加する
- □ **follow** 動 従う
- □ **submit** 動 提出する
- □ **entrant** 名 参加者
- □ **participant** 名 参加者
- □ **enter** 動（コンテストなどに）参加する
- □ **additional** 形 追加の
- □ **angle** 名 角度
- □ **encourage** 動 促す
- □ **require** 動 求める
- □ **submission** 名 提出物、提出
- □ **tailor** 名 テーラー（オーダーメイドの服を作る人）
- □ **grand prize** 大賞
- □ **subscription** 名 購読
- □ **attn** 名 〜宛（attentionの略、特定の宛名を示すときに用いられる）
- □ **opportunity** 名 機会
- □ **compete** 動（競技会等に）参加する
- □ **enclosed is 〜** 〜が同封されている
- □ **draw** 動 描く（過去形はdrew、過去分詞はdrawn）
- □ **neither** 代 どちらも〜ない
- □ **reveal** 動 明らかにする
- □ **budding** 形 芽が出たばかりの、駆け出しの
- □ **take part in 〜** 〜に参加する

□ **competition** 名 競技会、コンテスト
□ **reality** 名 現実のもの
□ **contestant** 名 コンテスト参加者
□ **creativity** 名 創造力
□ **brilliant** 形 素晴らしい
□ **note** 動 記す
□ **judge** 名 審査員
□ **slanted** 形 斜めになった
□ **remark** 動 述べる
□ **accurate** 形 正確な
□ **measurement** 名 寸法

訳

問題11～15は次の説明文、手紙、記事に関するものです。

Maxmal Suit Design Contest

Maxmal Magazineは現在、Suit Design Contestへの応募を受け付けています。参加には、次の規則を順守の上デザインを準備し、提出してください。

規則1：各参加者は、男性用スーツまたは女性用スーツのいずれか1つのデザインを作成する必要があります。参加者は、1つのデザインのみ応募することができます。

規則2：デザインはスーツの正面と背面の両方がわかるようにしてください。他の角度から描かれた追加のスケッチも歓迎しますが、必須ではありません。

規則 3：参加者は、ペン、鉛筆、マーカー、絵具、またはこれらの組み合わせで、デザインを作成することができます。

規則 4：すべての提出物には、参加者の名前、住所、電話番号を必ず記載してください。

プロのテーラーが大賞受賞者のスケッチしたスーツを作り、さらに大賞受賞者は賞金5,000ドルが授与され、Maxmal Magazineの年間購読が無料になります。10月31日までに、9864 East 56th Street, New York City, NY 10022、Maxmal Magazine Suit Design Contest 審査員宛にエントリー作品をお送りください。

9月14日

Maxmal Magazine
9864 East 56th Street,
New York City, NY 10022

コンテスト審査員各位

この度は Suit Design Contest に参加する機会をいただきありがとうございます。男性用スーツと女性用スーツの両方のデザインを同封いたします。私はペンとマーカーを使って男性のスーツをスケッチし、もう1つのデザインにはペンとマーカーと絵具を使いました。

私はいつもファッションデザイナーになりたいと思っていました。実は、わずか3歳のときに描いたドレスのスケッチもあります。どちらのスーツもコンテストで1位にはならないかもしれませんが、それらを作った経験はとても楽しいものでした。

ありがとうございます。

Darlene Conner

Maxmal Fashion Contestの受賞者発表

毎年、Maxmal Magazineはビジネスファッションコンテストの優勝者を選ぶために、プロのファッションデザイナーを集める。全国から集まった駆け出しのデザイナーたちが、自分のデザインが現実のものになる機会を求めてコンテストに参加する。

今年のコンテスト参加者は、ビジネススーツをデザインしなければならなかった。優勝者はWaterbury、ConnecticutのDarlene Connerで、創造力と技術で勝ち取った。

「コンテストに提出された136のスケッチはどれも素晴らしいものでした」とMaxmal Magazineのウェブサイトにある。審査員には、Geoffrey KleinとMonica Blassが含まれていた。

「Connerさんのスーツで私がとても気に入ったのは、青いピンストライプと斜めになった胸ポケットでした」とKleinさんは述べた。Blassさんは「私はボタンが大好きで、受賞スーツには5つあります。これは私が着たいと思うもので、他の多くの女性もそう思うと確信しています」と述べた。

11. 説明文によると、参加者は何をしなければなりませんか。

(A) スーツの少なくとも2つの面を見せる
(B) 正確な寸法を提供する
(C) インターネット上で作品を提出する
(D) 使用された材料を一覧表にする

12. Conner さんはスケッチに何を使いませんでしたか。

(A) ペン
(B) 鉛筆
(C) マーカー
(D) 絵具

13. Conner さんのデザインについておそらく正しいのはどれですか。

(A) 1つのものだけにボタンやポケットが付いている。
(B) 1つのものだけがコンテストに受け付けられた。
(C) 彼女は両方とも直接出向いて提出した。
(D) 彼女は両方とも女性用を作った。

14. Geoffrey Klein の職業は何ですか。

(A) 雑誌編集者
(B) 店長
(C) マーケティングスペシャリスト
(D) ファッションデザイナー

15. Conner さんについて何が示されていますか。

(A) 彼女のデザインは雑誌に掲載される。
(B) 彼女がデザインしたスーツはもうすぐ発売される。
(C) いくらかの賞金を受け取った。
(D) New York City に引っ越す。

Questions 16–20 refer to the following notice, e-mail, and article. 4

CAN ANYONE HELP?

March 21—The Plymouth Modelers Club is looking for old photographs of the Durham Road Bridge that used to cross Boulder River. About fifty years ago, the wooden bridge was replaced with a concrete structure. Our club builds models and will recreate the original bridge in miniature. While the public library has some photographs available, all of them show side views. To build an accurate model, we want to see details of the inside of the bridge. We are therefore looking for pictures taken from the road or on the bridge itself. If anyone can help, please contact Reuben Avery at ravery@dartmail.net.

E-Mail Message

From:	Hannah Bowen <hbowen@sunmail.com>
To:	<ravery@dartmail.net>
Re:	Boulder River Bridge
Date:	March 24

Dear Mr. Avery,

I am writing in response to your notice dated March 21 regarding the model you plan to build. My father, Harold Bowen, was chief engineer for the bridge's design and construction. He left behind dozens of photographs and construction drawings of the structure. These are near and dear to my family, so if you use them, I would like them back afterward. You are welcome to pick them up in person, as I would rather not send them by post. My number is 555-9274.

Warmest regards,

Hannah Bowen

17th Miniature Modelers Exhibition

BOSTON (June 11)—This year's Miniature Modelers Exhibition was a big success. "Historical transport infrastructure" was the theme, and the exhibition featured hundreds of models, including airports, canals, bridges, and railway stations. Around 5,000 people attended the event, held at Moore Hall in Boston.

Sharon Frazier won the Best of Show Award for her model of Springfield Port. "Building it took years, but the whole experience was incredible," she said. "And I'd like to thank the Transportation Heritage Museum for lending me the models of eighteenth-century ships."

The Plymouth Modelers Club received the Eye for Detail Award for its bridge. Reuben Avery, the club's founder, remarked: "Winning the award is a real honor. We wouldn't have won it without help from the daughter of the bridge's chief engineer. We're grateful to her for letting us borrow his pictures of the project."

The exhibition takes place every year. Photos of the models can be viewed on the event Web site at minmodex.org.

16. What is indicated in the notice?

(A) A bridge was demolished.
(B) A roadway was widened.
(C) A model was photographed.
(D) A river was renamed.

17. What is suggested about Ms. Bowen?

(A) She is a member of the Plymouth Modelers Club.
(B) She decided to mail drawings to Mr. Avery.
(C) She photographed a piece of historic architecture.
(D) She provided images of a bridge.

18. In the article, the word "took" in paragraph 2, line 3, is closest in meaning to

(A) brought
(B) contained
(C) accompanied
(D) required

19. What did Ms. Frazier say about the Transportation Heritage Museum?

(A) It selected her for a special award.
(B) It supplied her with some useful items.
(C) It was built in the eighteenth century.
(D) It has put on display some of her artwork.

20. What is indicated about the Plymouth Modelers Club?

(A) It was founded by Mr. Avery fifty years ago.
(B) Its award-winning work was modeled after a wooden structure.
(C) Its headquarters has been moved to Boston recently.
(D) It attends Miniature Modelers Exhibition every year.

16. 正解 (A)

お知らせにAbout fifty years ago, the wooden bridge was replaced with a concrete structure.(50年ほど前、木造の橋はコンクリート製に建て替えられました)とあるので、木造の橋が取り壊されたということがわかる、よって、(A) A bridge was demolished.(橋が取り壊された)が正解。

正解の選択肢中のdemolishは、建物を取り壊す、解体する、という意味です。難易度の高い単語ですが、パート5での出題例もあるので、覚えておきましょう。

17. 正解 (D)

記事の第3段落に、We wouldn't have won it without help from the daughter of the bridge's chief engineer. We're grateful to her for letting us borrow his pictures of the project.(その橋の主任技師のご息女の助けがなければ、私たちは受賞できなかったでしょう。当時のプロジェクトの写真を貸していただけて感謝しています)とある。また、Eメールから、Ms. Bowenは、橋の主任技師の娘であることがわかる。よって、(D) She provided images of a bridge.(橋の画像を提供した)が正解。

第2文書から、Ms. Bowenが橋の主任技師の娘であることがわかります。第3文書から、橋の主任技師の娘から写真の提供を受けたことがわかります。この2つの情報を関連付けて解くクロス問題です。

第2文書の photographs、第3文書の pictures、選択肢の images は、すべて「写真」を指します。

18. 正解 (D)

記事の第2段落3行目で、took は Building it took years（それを作るのに何年もかかりました）というように「(年数が)かかった」という意味で使われている。これに最も意味が近いのは、(D) required（必要とした）である。

こうしたパート7の同義語問題を解く際は、「本文の文脈に合う選択肢を選ぶ」ことを意識しましょう。たとえば、この問題であれば、「本文中の took は時間がかかった、という意味だ。言い換えると、時間が必要だった、ということだから、(D) が正解だ」といった流れで解きます。

19. 正解 (B)

記事の第2段落に And I'd like to thank the Transportation Heritage Museum for lending me the models of eighteenth-century ships.（そして、18世紀の船の模型を貸してくださった Transportation Heritage Museum に感謝したいと思います）とあるので、博物館は彼女に18世紀の船の模型を貸したことがわかる。よって、(B) It supplied her with some useful items.（役に立つ品を彼女に提供した）と言える。

the models of eighteenth-century ships と some useful items の言い換えがポイントです。このように、パ

ート7では、本文中の具体的な情報が、選択肢でよりぼかした表現に言い換えられることがよくあります。

20. 正解 (B)

記事の第3段落の内容から、この団体の橋の模型が the Eye for Detail Award を受賞したことがわかる。また、お知らせの2つ目の文に、the wooden bridge (木造の橋) とあることから、この橋が木造であったことがわかる。よって、(B) Its award-winning work was modeled after a wooden structure. (賞を取った作品は、木造の建造物を模したものである) と言える。

第1－第3文書間のクロス問題です。第1文書をしっかり読み、「この橋は木造だった」という情報を頭に入れた上で、第3文書を読み進めると、スムーズに解けます。第1文書を粗く読むと、文書と文書の間を往復する回数が増え、結果的に解答時間のロスにつながります。特に上級者の方は、第1文書からしっかり読みましょう。

語注

□ **used to ～**　かつて～していた
□ **cross** 動 架かる、横断する
□ **wooden** 形 木製の
□ **replace** 動 取り替える
□ **structure** 名 構造、構造物
□ **recreate** 動 再現する

□ **accurate** 形 正確な
□ **detail** 名 詳細
□ **in response to ～** ～に応えて
□ **regarding** 前 ～に関して
□ **chief engineer** 主任技師
□ **construction** 名 建設
□ **leave behind ～** ～を残す
□ **dozens of ～** 数十もの～
□ **drawing** 名 図面、製図
□ **near and dear to ～** ～にとって大切な、重要な
□ **afterward** 副 その後、後で
□ **in person** 直接
□ **modeler** 名 模型制作者
□ **exhibition** 名 展示会
□ **success** 名 成功
□ **historical** 形 歴史的な
□ **transport** 名 交通
□ **infrastructure** 名 インフラ
□ **theme** 名 テーマ
□ **feature** 動 (展示会等で) 展示する
□ **canal** 名 運河
□ **attend** 動 参加する
□ **incredible** 形 素晴らしい
□ **transportation** 名 輸送
□ **heritage** 名 遺産
□ **lend** 動 貸す (過去形・過去分詞はlent)

□ **founder** 名 創立者
□ **remark** 動 述べる
□ **honor** 名 光栄、名誉
□ **grateful** 形 感謝している
□ **borrow** 動 借りる
□ **take place** 開催する
□ **demolish** 動 取り壊す
□ **widen** 動 拡幅する
□ **photograph** 動 撮影する
□ **rename** 動 名前を変える
□ **mail** 動 郵送する
□ **historic** 形 歴史的な
□ **architecture** 名 建造物
□ **select** 動 選ぶ
□ **supply** 動 提供する、供給する
□ **on display** 展示されている
□ **found** 動 創立する
□ **award-winning** 形 賞を取った
□ **model after ～** ～を模す、～をモデルにする
□ **headquarters** 名 本部、本社（注：単数形でも語尾にsが付く）

訳

問題16～20は次のお知らせ、Eメール、記事に関するものです。

どなたか助けていただけますか。

3月21日—— Plymouth Modelers Club は、Boulder River に架かっていた Durham Road Bridge の古い写真を探しています。50年ほど前、木造の橋はコンクリート製に建て替えられました。私たちのクラブは模型を作っており、元の橋をミニチュアで再現する予定です。公共図書館にいくつかの写真がありますが、いずれも側面から撮ったものです。正確な模型を作るために、橋の内側の詳細を見たいと思っています。よって、私たちは道路からや橋の上で撮った写真を探しています。どなたか助けていただけるのであれば、Reuben Avery (ravery@dartmail.net) までご連絡ください。

送信者 : Hannah Bowen <hbowen@sunmail.com>
宛先 : <ravery@dartmail.net>
件名 : Boulder River Bridge
日付 : 3月24日

Avery 様

3月21日付のあなた方が作る予定の模型に関するお知らせに応えて、ご連絡しております。私の父、Harold Bowen はその橋の設計と建設の主任技師でした。彼は、その橋の写真と建設図面を数十枚残しています。私の家族にとってはとても大切なものなので、もしお使いになるのでしたら、その後で返却を希望します。郵送はしたくないので、直接受け取りに来ていただきたいと思います。私の電話番号は555-9274です。

敬具

Hannah Bowen

第17回 Miniature Modelers Exhibition

Boston (6月11日) — 今年の Miniature Modelers Exhibition は大成功だった。「歴史的な交通インフラ」がこの展示会のテーマで、空港、運河、橋、鉄道駅など数百の模型が出展された。およそ5,000人が Boston の Moore Hall で行われたこのイベントに参加した。

Sharon Frazier は Springfield Port の模型で Best of Show Award を受賞した。「それを作るのに何年もかかりましたが、その経験全体が素晴らしいものでした」と彼女は語った。「そして、18世紀の船の模型を貸してくださった Transportation Heritage Museum に感謝したいと思います。」

Plymouth Modelers Club は、橋で Eye for Detail Award を受賞した。同クラブの創立者、Reuben Avery は、「受賞は本当に光栄なことです。その橋の主任技師のご息女の助けがなければ、私たちは受賞できなかったでしょう。当時のプロジェクトの写真を貸していただけて感謝しています」と述べた。

この展覧会は毎年行われている。模型の写真は、同イベントの Web サイト minmodex.org で見ることができる。

16. お知らせには何が示されていますか。

(A) 橋が取り壊された。
(B) 道路が拡幅された。
(C) 模型が撮影された。
(D) 川の名前が変えられた。

17. Bowenさんについて何が示されていますか。

(A) Plymouth Modelers Clubのメンバーである。
(B) Averyさんに図面を郵送することにした。
(C) 歴史的建造物の一つを撮影した。
(D) 橋の画像を提供した。

18. 記事の第2段落3行目のtookに最も意味が近いのは

(A) もたらした
(B) 含んだ
(C) 付き添った
(D) 必要とした

19. Frazierさんは、Transportation Heritage Museumについて何と言っていましたか。

(A) 彼女を特別賞に選んだ。
(B) 役に立つ品を彼女に提供した。
(C) 18世紀に建てられた。
(D) 彼女の作品の一部を展示している。

20. Plymouth Modelers Clubについて何が示されていますか。

(A) Averyさんによって50年前に創立された。
(B) 賞を取った作品は、木造の建造物を模したものである。
(C) 本部が最近Bostonに移転した。
(D) Miniature Modelers Exhibitionに毎年参加している。

Questions 21–25 refer to the following product information, e-mail, and schedule. 5

http://www.suppliesdirect.com/commercialfridges

SUPPLIES DIRECT

Kryschill XM-90

Featuring removable shelves, self-closing doors, and a defrost system, this narrow fridge is designed for convenience.

Kryschill XQ-35

With an easy-to-clean stainless steel exterior and interior, this fridge is durable, making it ideal for kitchens that get very busy.

Vistair HRP-G-DL

This fridge, designed for use in bakeries, features plenty of storage space and excellent interior LED lighting for optimal visibility.

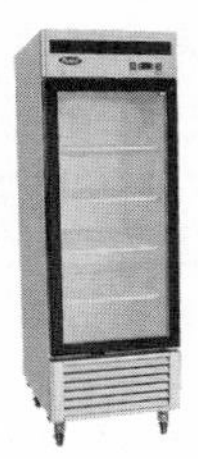

Horizon RB2-18

The doors, made with thick, high-quality glass, allow you to see what is inside the fridge without having to open it.

E-Mail Message

From: Anthony Cohen
To: Supplies Direct
Subject: Kryschill XQ-35
Date: March 9

Customer Service:

I need to replace the refrigerator in my restaurant, Ferraro's Seafood, and on your Web site I see you sell the Kryschill brand. I am particularly interested in the XQ-35, and your description of that unit makes it sound perfect for my business.

However, the width of the refrigerator is not specified on your site. Could you provide me with that information? I'm not concerned about its height, but anything wider than 180 centimeters will not fit. If the XQ-35 is too big, I'll order the other Kryschill unit you have for sale.

Thank you,

Anthony Cohen
Ferraro's Seafood

Supplies Direct Delivery Schedule (March 14)

Time	Item	Address
8:00 A.M.	Aristo-28 Dishwasher	Arroyo Café, 2231 Floyd Street
8:45 A.M.	Kryschill XM-90 Refrigerator	Ferraro's Seafood, 80 Oak Drive
1:00 P.M.	Barquell Washing Machine	PMT Cleaners, 16 East Market Street
2:00 P.M.	Avvestar Deluxe Ice Machine	Tembleton Hotel, 37 Ersel Street

21. Which refrigerator is specially made for bakeries?

(A) The Kryschill XQ-35
(B) The Kryschill XM-90
(C) The Vistair HRP-G-DL
(D) The Horizon RB2-18

22. Why did Mr. Cohen write the e-mail?

(A) To request a specification
(B) To order some parts
(C) To report a mechanical problem
(D) To inquire about a temperature setting

23. What is suggested about the kitchen at Ferraro's Seafood?

(A) It is being repainted.
(B) It has a tiled floor.
(C) It will be inspected soon.
(D) It gets very busy.

24. When is Mr. Cohen's order scheduled to arrive?

(A) At 8:00 A.M.
(B) At 8:45 A.M.
(C) At 1:00 P.M.
(D) At 2:00 P.M.

25. What is most likely true about the Kryschill XQ-35?

(A) Its warranty period is three years.
(B) Its doors are made of thick glass.
(C) It is more than 180 centimeters in width.
(D) It is too tall for Mr. Cohen's needs.

21. 正解 (C)

製品情報のVistair HRP-G-DLの欄にdesigned for use in bakeries (ベーカリー用に設計された) とあるので、この製品がベーカリー向けに作られたものであるとわかる。

文章量が少ないので、早く解けるセットでした。本試験でも、残り時間が少なくなったら、文章量の多い1文書問題や2文書問題に時間をかけるよりも、このような文章量の少ない3文書問題を優先して解きましょう。

22. 正解 (A)

Eメールの第2段落にHowever, the width of the refrigerator is not specified on your site. Could you provide me with that information? (ただ、サイト上では、冷蔵庫の幅が明記されていません。その情報を提供していただけますでしょうか) とある。Mr. Cohenは冷蔵庫の幅に関する情報提供を求めているので、(A) To request a specification (仕様明細を求めるため) が正解。

正解の選択肢中のspecification (仕様明細、スペック) は、製品やサービスなどの設計基準のことです。たとえば、製品であれば、サイズや機能、性能、価格などを指します。

23. 正解 (D)

Eメールの第1段落にI am particularly interested in the XQ-35, and your description of that unit makes it sound perfect for my business.（私は特にXQ-35に興味があり、商品説明によると、それは私の店に最適だと思います）とある。また、製品情報のXQ-35の欄にideal for kitchens that get very busy（忙しいキッチンに最適）とある。よって、(D) It gets very busy.（とても忙しくなる）が正解。

第1－第2文書間のクロス問題です。ここでは、XQ-35という固有名詞が、両方の文書に出てきます。「複数の文書上の共通語はクロス問題のヒント」と頭に入れておきましょう。

24. 正解 (B)

Eメールの第1段落にmy restaurant, Ferraro's Seafood（私のレストラン、Ferraro's Seafood）とあり、予定表の午前8時45分の配達住所がFerraro's Seafood, 80 Oak Driveとなっているので、(B) At 8:45 A.M.（午前8時45分）が正解。

第2－第3文書間のクロス問題です。ここでも、Ferraro's Seafoodという固有名詞が2つの文書をつなぐ共通のキーワードになっています。

25. 正解 (C)

Eメールの第2段落に anything wider than 180 centimeters will not fit. If the XQ-35 is too big, I'll order the other Kryschill unit you have for sale. (180センチ以上の幅のものは収まりません。XQ-35が大きすぎる場合は、御社が販売しているもう一方のKryschill製品を注文いたします) とある。また、予定表の午前8時45分の段から、Mr. Cohenが注文したのはXM-90であるとわかる。ここからXQ-35は幅が180センチ以上であったと判断できるので、(C) It is more than 180 centimeters in width. (幅が180センチ以上ある) が正解。

まず、1つ目と2つ目の文書の情報を照合し、「Cohenさんは、XQ-35の幅が180cm以上なら、もう一方のKryschill製品であるXM-90を注文する」と頭に入れます。その上で、3つ目の文書を見て、注文したのがXM-90であることから、XQ-35の幅が180cm以上であると推測できます。

語注

□ **feature** 動 備える
□ **removable** 形 取り外し可能な
□ **defrost** 名 霜取り装置
□ **fridge** 名 冷蔵庫 (refrigeratorの省略形)
□ **easy-to-clean** 形 掃除しやすい
□ **exterior** 名 外装

□ **interior** 名 内装
□ **durable** 形 耐久性のある
□ **ideal** 形 最適な
□ **plenty of** 〜 十分な〜
□ **storage** 名 収納
□ **excellent** 形 優れた
□ **optimal** 形 最高の
□ **visibility** 名 見やすさ
□ **high-quality** 形 高品質の
□ **allow A to** 〜 Aが〜することを可能にする
□ **replace** 動 交換する
□ **refrigerator** 名 冷蔵庫
□ **particularly** 副 特に
□ **description** 名 説明
□ **unit** 名 製品
□ **sound** 動 思われる
□ **perfect** 形 最適な
□ **business** 名 店、事業、会社
□ **however** 副 しかし
□ **width** 名 幅
□ **specify** 動 明記する
□ **provide** 動 提供する
□ **concerned about** 〜 〜を心配する
□ **height** 名 高さ
□ **fit** 動 合う
□ **specification** 名 仕様明細、スペック

□ **report** 動 報告する
□ **mechanical** 形 機械的な
□ **inquire** 動 尋ねる
□ **repaint** 動 再塗装する
□ **tiled** 形 タイル貼りの
□ **inspect** 動 視察する、調査する
□ **warranty** 名 保証

訳

問題21～25は次の製品情報、Eメール、予定表に関するものです。

http://www.suppliesdirect.com/commercialfridges
SUPPLIES DIRECT

Kryschill XM-90
取り外し可能な棚、自動閉鎖ドア、霜取り機能を備えたこのスリムな冷蔵庫は、便利さ重視の設計になっています。

Kryschill XQ-35
この冷蔵庫はステンレス製の外側と庫内のお手入れがしやすく、耐久性にも優れているので、忙しいキッチンに最適です。

Vistair HRP-G-DL
ベーカリー用に設計されたこの冷蔵庫は収納スペースが広く、庫内を見やすくする優れたLED庫内灯を備えています。

Horizon RB2-18

厚く高品質のガラス製ドアにより、冷蔵庫を開けなくても中に何があるのか確認することができます。

送信者： Anthony Cohen
宛先： Supplies Direct
用件： Kryschill XQ-35
日付： 3月9日

カスタマーサービス

私のレストラン、Ferraro's Seafoodの冷蔵庫を交換する必要があり、御社のウェブサイトでKryschillブランドを販売していることを知りました。私は特にXQ-35に興味があり、商品説明によると、それは私の店に最適だと思います。

ただ、サイト上では、冷蔵庫の幅が明記されていません。その情報を提供していただけますでしょうか。高さは問題ないと思いますが、180センチ以上の幅のものは収まりません。XQ-35が大きすぎる場合は、御社が販売しているもう一方のKryschill製品を注文いたします。

どうぞよろしくお願いいたします。

Anthony Cohen
Ferraro's Seafood

Supplies Direct 配送スケジュール
（3月14日）

時間	商品	住所
午前8時	Aristo-28 食器洗浄機	Arroyo Café, 2231 Floyd Street
午前8時45分	Kryschill XM-90 冷蔵庫	Ferraro's Seafood, 80 Oak Drive
午後1時	Barquell 洗濯機	PMT Cleaners, 16 East Market Street
午後2時	Avvestar Deluxe 製氷機	Tembleton Hotel, 37 Ersel Street

21. ベーカリー向けに作られた冷蔵庫はどれですか。

(A) The Kryschill XQ-35
(B) The Kryschill XM-90
(C) The Vistair HRP-G-DL
(D) The Horizon RB2-18

22. Cohen さんはなぜ E メールを書きましたか。

(A) 仕様明細を求めるため
(B) 部品を注文するため
(C) 機械的な問題を報告するため
(D) 温度設定について尋ねるため

23. Ferraro's Seafood のキッチンについて何が示されていますか。

(A) 再塗装中である。
(B) タイル貼りの床がある。
(C) 近々視察を受ける。
(D) とても忙しくなる。

24. Cohen さんの注文品が届くのはいつの予定ですか。

(A) 午前8時
(B) 午前8時45分
(C) 午後1時
(D) 午後2時

25. Kryschill XQ-35 についておそらく正しいものはどれですか。

(A) 保証期間が3年である。
(B) ドアが厚いガラスでできている。
(C) 幅が180センチ以上ある。
(D) Cohen さんの要望より高さが高すぎる。

Questions 26–30 refer to the following survey, memo, and review. 6

Dear Customer,

Thank you for agreeing to participate in this survey. Please take a moment to rate the new salsas you have just sampled. Your feedback will help us decide which products we will make available in stores.

1 = I would often buy it.
2 = I would occasionally buy it.
3 = I would seldom buy it.
4 = I would never buy it.

Product	1	2	3	4
Red Dragon Salsa		✓		
Green Dragon Salsa	✓			
Gourmet Chili Salsa				✓
Garlic Special Salsa			✓	
Comments: *Green Dragon Salsa is sweet and not too spicy. I loved it!*				

To: Development Department
From: Malena Mendes
Re: Salsa Survey
Date: January 12
Attachment: 📎 Survey Report

Last week's survey on our four salsas revealed two problems. First, Garlic Special Salsa was less popular than we expected. A few people liked it but said it would be even better with less garlic. So I suggest that we reduce the amount of garlic by a quarter.

Second, our spiciest salsa is evidently too hot. Everyone who completed the survey gave it a 4, with many telling us there is too much chili in it for their liking. We could make it milder, but then it would taste no different from Red Dragon Salsa.

Let's discuss the survey results during the product planning meeting on January 15. Please read the attached survey report before then.

Thank you.

Malena Mendes
Product Manager,
Development Department

www.cooktalk.com/toptastes/salsas

Review by Mark Layton

The best salsas are those made of fresh ingredients from the garden, such as tomatoes, onions, and jalapeños. That said, Red Dragon Salsa is a store-bought product that I really like because it tastes as if it's homemade. Goldpot Foods makes this salsa as well as two other kinds. Paired with Mexican dishes, they add plenty of flavor. Red Dragon Salsa is the spiciest of the three. It's also chunky, and since it comes in a big jar, it doesn't run out quickly.

26. How will the survey be used?

(A) To improve meals at a restaurant
(B) To evaluate some product packaging
(C) To compare some local ingredients
(D) To determine which products to sell

27. What does Ms. Mendes recommend?

(A) Changing the name of a salsa product
(B) Reducing the amount of an ingredient
(C) Postponing a product planning meeting
(D) Conducting a second consumer survey

28. Which salsa was the spiciest?

(A) Red Dragon Salsa
(B) Green Dragon Salsa
(C) Gourmet Chili Salsa
(D) Garlic Special Salsa

29. What is indicated about Goldpot Foods?

(A) It posts a recipe on its Web site every week.
(B) It has recently expanded one of its divisions.
(C) Some of its production equipment will be updated.
(D) One of the salsas it developed was not released for sale.

30. What does Mr. Layton mention about Red Dragon Salsa?

(A) It is sold in a large quantity.
(B) It is made in Mexico.
(C) It is the best salsa he has ever tasted.
(D) It contains ingredients from his garden.

26. 正解 (D)

アンケートに Your feedback will help us decide which products we will make available in stores.（お客様からいただいたご意見は、店舗で取り扱う商品を決める際、参考にいたします）とあるので、(D) To determine which products to sell（販売する製品を決定する）が正解。

正解の選択肢中の determine の語源は「term（枠）を決める」です。「ここからここまで」とピシッと枠を決めるイメージで、「決定する」「判断する」といった意味で用いられます。

27. 正解 (B)

連絡メモの第1段落に I suggest that we reduce the amount of garlic by a quarter.（ニンニクの量を4分の1減らすことを提案します）とあるので、これに対応する (B) Reducing the amount of an ingredient（ある食材の量を減らす）が正解。

本文中の正解の根拠となる文中の、「差」を表す前置詞 by の用法も押さえておきましょう。Our sales have increased by 20 percent.（当社の売上は20%増えた）のような形で使われます。

28. 正解 (C)

連絡メモの第2段落に our spiciest salsa is evidently too hot. Everyone who completed the survey gave it a 4 (最も辛いサルサは明らかに辛すぎです。アンケートに答えたすべての人が4を付け) となっている。また、アンケートの回答で Gourmet Chili Salsa に4の評価がついているので、このサルサが最も辛いとわかる。

第1－第2文書間のクロス問題です。「our spiciest salsa (最も辛いサルサ) に全員が4を付けた」という連絡メモの情報を手掛かりに、アンケートで4が付いている Gourmet Chili Salsa が最も辛い、と判断します。

29. 正解 (D)

レビューに Goldpot Foods makes this salsa as well as two other kinds. (Goldpot Foods は、このサルサと他の2種類のサルサを製造しています) とある。また、アンケートと連絡メモから、4種類のサルサの開発が進められていたことがわかる。そのうちの1つは発売に至らなかったと推測できるので、(D) One of the salsas it developed was not released for sale. (開発したサルサの1つは発売されなかった) が正解。

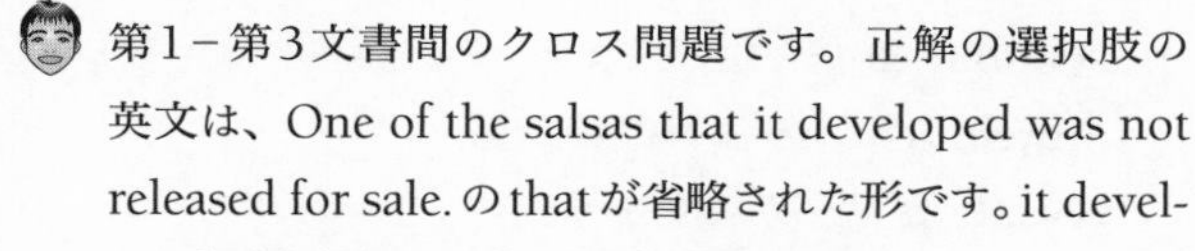

第1－第3文書間のクロス問題です。正解の選択肢の英文は、One of the salsas that it developed was not released for sale. の that が省略された形です。it developed が先行詞の salsas を修飾しています。

30. 正解 (A)

レビューの終わりにRed Dragon Salsaに関して、since it comes in a big jar, it doesn't run out quickly.（大きな瓶に入って売られているので、すぐにはなくなりません）とあるので、(A) It is sold in a large quantity.（大容量で売られている）が正解。

正解の根拠となる本文中の箇所のrun out（なくなる、使い切る）はTOEIC頻出の熟語です。run out of paper（紙がなくなる）といったrun out of＋名詞の形でも使われます。覚えておきましょう。

語注

□ **survey** 名 アンケート、調査
□ **participate** 動 参加する
□ **take a moment** 少しの時間を取る
□ **rate** 動 評価する
□ **sample** 動 試食する
□ **feedback** 名 意見、フィードバック
□ **decide** 動 決める
□ **available** 形 販売されている
□ **occasionally** 副 ときどき
□ **seldom** 副 ほとんど～ない
□ **attachment** 名 添付書類
□ **reveal** 動 明らかにする
□ **expect** 動 期待する

□ **suggest** 動 提案する
□ **reduce** 動 減らす
□ **by quarter** 4分の1に
□ **evidently** 副 明らかに
□ **complete** 動（アンケートに）答える、記入する
□ **liking** 名 好み
□ **taste** 動 味がする
□ **attached** 形 添付された
□ **ingredient** 名 食材、原材料
□ **that said** とは言え
□ **store-bought** 形 店で買った、市販の
□ **homemade** 形 自家製の、手作りの
□ **paired with ～** ～と組み合わせて
□ **chunky** 形（原料が粗く刻まれて）塊の入っている
□ **run out** なくなる
□ **improve** 動 改善する
□ **evaluate** 動 評価する
□ **compare** 動 比較する
□ **determine** 動 決定する
□ **recommend** 動 勧める
□ **postpone** 動 延期する
□ **conduct** 動 行う
□ **consumer** 名 消費者
□ **post** 動 投稿する
□ **expand** 動 拡張する
□ **division** 名 部署
□ **production equipment** 製造設備

□ **update** 動 更新する、刷新する
□ **release** 動 発売する
□ **quantity** 名 量
□ **taste** 動 味わう
□ **contain** 動 含む

訳

問題26～30は次のアンケート、連絡メモ、レビューに関するものです。

お客様へ

このアンケートへ参加することに同意いただきありがとうございます。お手数ですが、今ご試食いただいた新しいサルサの評価にご協力をお願いします。お客様からいただいたご意見は、店舗で取り扱う商品を決める際、参考にいたします。

1 = 頻繁に買う。
2 = ときどき買う。
3 = ほとんど買わない。
4 = 決して買わない。

製品	1	2	3	4
Red Dragon Salsa		✓		
Green Dragon Salsa	✓			
Gourmet Chili Salsa				✓
Garlic Special Salsa			✓	
コメント : Green Dragon Salsa は甘く、辛すぎない。とても気に入った。				

宛先：　開発部
送信者：　Malena Mendes
件名：　サルサアンケート
日付：　1月12日
添付：　アンケート報告

先週の4つのサルサに関するアンケートで、2つの問題が明らかになりました。まず、Garlic Special Salsaは、私たちが期待していたほど人気がありませんでした。それを気に入ってくれた人も少数いましたが、それでもニンニクが少なければもっとおいしくなると言っていました。よって、ニンニクの量を4分の1減らすことを提案します。

次に、最も辛いサルサは明らかに辛すぎです。アンケートに答えたすべての人が4を付け、唐辛子が多すぎて好みに合わないと言う人が多くいました。マイルドにすることもできますが、そうすると味がRed Dragon Salsaと変わらなくなってしまいます。

1月15日の製品計画会議でアンケート結果について話し合いましょう。それまでに添付のアンケート報告を読んでおいてください。

よろしくお願いいたします。

Malena Mendes
製品部長
開発部

www.cooktalk.com/toptastes/salsas

Mark Layton のレビュー
最高のサルサは、トマト、玉ねぎ、ハラペーニョなど、庭で取れた新鮮な食材で作られたものです。とは言え、Red Dragon Salsa は市販品なのに手作りのような味なので、とても気に入っています。Goldpot Foods は、このサルサと他の2種類のサルサを製造しています。それらをメキシコ料理と組み合わせると、風味が豊かになります。Red Dragon Salsa は、3つの中で最も辛いものです。また、食材は粗めに刻まれ、大きな瓶に入って売られているので、すぐにはなくなりません。

26. アンケートはどのように使われますか。

(A) レストランの料理を改善する
(B) 製品パッケージを評価する
(C) 地元の食材を比較する
(D) 販売する製品を決定する

27. Mendes さんは何を勧めていますか。

(A) あるサルサ製品の名前を変える
(B) ある食材の量を減らす
(C) 製品計画会議を延期する
(D) 2度目の消費者アンケートを行う

28. 最も辛かったサルサはどれですか。

(A) Red Dragon Salsa
(B) Green Dragon Salsa
(C) Gourmet Chili Salsa
(D) Garlic Special Salsa

29. Goldpot Foods について何が示されていますか。

(A) 毎週そのウェブサイトにレシピを投稿している。
(B) 最近部署の1つを拡張した。
(C) 製造設備の一部が刷新される。
(D) 開発したサルサの1つは発売されなかった。

30. Layton さんは Red Dragon Salsa について何と述べていますか。

(A) 大容量で売られている。
(B) メキシコで作られている。
(C) 彼が今までに味わったサルサで最高のものである。
(D) 彼の庭で採れた食材を含んでいる。

Questions 31–35 refer to the following Web page, form, and e-mail. 7

https://tt.ca/lostarticles

Lost and Found

All items found on Toronto Transit vehicles are cataloged and stored for 30 days. To find out if we have your article, fill out the lost property form at this link. When describing the item, make sure to include the following information (if possible).

- ❏ Type of article
- ❏ Type of material
- ❏ Color
- ❏ Brand

Toronto Transit will notify you if we have found your item, and you will be able to pick it up at our Queen Street office, open Monday to Friday from 8:00 A.M. to 6:30 P.M. Please be aware that identification will be required in order to retrieve your property.

Toronto Transit Lost Property Form

The fields marked with * are mandatory.

Full Name*

Jean Coleman

Phone*

555-7342

E-mail

jcoleman@rhtya.ca

Address

740 Hazelwood Avenue, Toronto, ON M5V 2A1

Description*

Brown leather briefcase with two handles, a shoulder strap, and an outside pocket

Comments

I lost my briefcase this morning while I was traveling by streetcar on Bathurst Street. It contains a file folder, my driver's license, some pictures of my family, and loose change. If you find it, please contact me at your earliest convenience. Thank you.

E-Mail Message

From:	Toronto Transit
To:	Jean Coleman
Re:	Lost Property
Date:	November 16

Dear Ms. Coleman:

A briefcase was found today that matches the description of the one you lost. A passenger turned it in after noticing it under a seat on the Bathurst Street trolley. The contents of the briefcase are a file folder, a few photographs, and some coins, but nothing else. We tried calling you but could not get through.

You can come to our office to identify and, if they are yours, pick up your belongings. Please make sure to bring proof of identity in the form of photo ID with you.

Sincerely,

Russ Blackwell
Toronto Transit

31. What is the purpose of the information on the Web page?

(A) To explain some procedures
(B) To report a found item
(C) To notify staff about a problem
(D) To address some complaints

32. What is indicated about Ms. Coleman's briefcase?

(A) It has not been cataloged.
(B) It was lost in the afternoon.
(C) It has only one handle.
(D) It can be kept for 30 days.

33. What information was Ms. Coleman unable to provide?

(A) An address
(B) A color
(C) A brand
(D) A material type

34. In the e-mail, the word "form" in paragraph 2, line 3, is closest in meaning to

(A) pattern
(B) type
(C) document
(D) shape

35. What was NOT found in the briefcase?

(A) A folder
(B) A license
(C) Some pictures
(D) Some money

31. 正解 (A)

ウェブページには、忘れ物が分類され30日間保管されること、フォームの記入方法、忘れ物が見つかった場合どうなるかなどが記されている。よって、目的は (A) To explain some procedures（手続きを説明すること）であると言える。

ウェブページの見出しの lost and found は、「忘れ物」「忘れ物取扱所」という意味です。article には「記事」以外に「品物」の意味があることも覚えておきましょう。

32. 正解 (D)

ウェブページの第1段落に All items found on Toronto Transit vehicles are cataloged and stored for 30 days.（Toronto Transit の車両で見つかったすべての品物は、分類され30日間保管されます）とある。また、メールから Mr. Coleman のブリーフケースは、Toronto Transit の路面電車の中で見つかったことがわかる。よって、(D) It can be kept for 30 days.（30日間保管される）が正解。

第1－第3文書間のクロス問題です。名詞で出ることが多い catalog（分類する）や store（保管する）の動詞の意味も覚えておきましょう。

33. 正解 (C)

(A) はフォームの住所欄に記載されている。また、説明欄に Brown leather briefcase with two handles (取手の2つ付いた茶色の皮革製ブリーフケース) と、(B) と (D) に関する情報が載っている。(C) A brand (ブランド) に関する情報はない。

TOEIC の世界では、携帯電話や上着、眼鏡等、忘れ物は毎回のように発生します。特に、リスニングのパート3・4では、忘れ物をした人からの問い合わせの電話が定番です。

34. 正解 (B)

E メールの第2段落3行目で form は、Please make sure to bring proof of identity in the form of photo ID with you. (本人確認のために写真付き身分証明書を必ずお持ちください) という文で使われている。in the form of は「～の形式で」という意味なので、意味が最も近いのは、(B) type (タイプ)。

やや難易度の高い同義語問題です。単語の意味を考えるのではなく、「文脈に合う答えを選ぶ」という鉄則に従いましょう。ここでの form は、写真付き身分証明の「形式」という意味です。言い換えると、いろいろな種類の身分証明がある中で、写真の付いたタイプ、ということになります。

35. 正解 (B)

Eメールの第1段落に The contents of the briefcase are a file folder, a few photographs, and some coins, but nothing else.（ブリーフケースの中身はファイルフォルダー、写真数枚、硬貨数枚で、それ以外は何もありませんでした）とあるので、(B) A license（免許証）が正解。

語注

□ **vehicle** 名 車両
□ **catalog** 動 分類する
□ **store** 動 保管する
□ **find out** 調べる
□ **article** 名 品物
□ **fill out** 記入する
□ **lost property** 忘れ物、遺失物
□ **describe** 動 説明する、描写する
□ **material** 名 材質
□ **notify** 動 知らせる
□ **pick up** 受け取る
□ **please be aware that ～** ～をご承知おきください
□ **identification** 名 身分証明書
□ **require** 動 求める
□ **retrieve** 動 受け取る、取り返す
□ **field** 名 領域、項目
□ **mandatory** 形 必須の

□ **description** 名 説明
□ **travel** 動 移動する
□ **streetcar** 名 路面電車
□ **loose change** 小銭
□ **at one's earliest convenience** 都合がつく最も早い時、出来るだけ早く
□ **turn in** 届ける、提出する
□ **trolley** 名 路面電車
□ **get through** 電話が繋がる
□ **identify** 動 特定する
□ **belongings** 名 私物
□ **proof of ~** ~の証明
□ **identity** 名 身元
□ **ID** 名 身分証明書 (identificationの略)
□ **procedure** 名 手続き、手順
□ **address** 動 対応する
□ **complaint** 名 苦情

訳

問題31～35は次の ウェブページ、フォーム、Eメールに関するものです。

https://tt.ca/lostarticles

お忘れ物

Toronto Transit の車両で見つかったすべての品物は、分類され30日間保管されます。お客様の品物があるかどうかお調べしますので、このリンク先の遺失物届に記入してください。品物を説明する際、以下の情報は必ず記載するようにしてください（可能な限り）。

□品物のタイプ　　□材質
□色　　□ブランド

Toronto Transit は、お客様の品物が見つかり次第お知らせしますので、Queen Street のオフィスでお受け取りください。営業時間は月曜から金曜の午前8時から午後6時30分までです。お忘れ物を受け取るには身分証明書が必要になることをご承知おきください。

Toronto Transit 遺失物届

*のついた項目は必須です。

氏名*

Jean Coleman

電話番号*

555-7342

Eメール

jcoleman@rhtya.ca

住所

740 Hazelwood Avenue, Toronto, ON M5V 2A1

説明*

取手の2つ付いた茶色の皮革製ブリーフケース、ショルダーストラップ、外ポケット1つ

コメント

今朝、Bathurst Streetを路面電車で移動中にブリーフケースを紛失しました。ファイルフォルダー、運転免許証、家族の写真数枚、小銭が入っています。見つかりましたら出来るだけ早くご連絡いただきたく存じます。よろしくお願いいたします。

送信者：Toronto Transit
宛先：　Jean Coleman
件名：　お忘れ物
日付：　11月16日

Coleman 様

あなたが紛失したブリーフケースの説明と一致するものが本日、見つかりました。あるお客様が、Bathurst Street 路面電車の座席の下にあるのに気が付き、届けてくださいました。ブリーフケースの中身はファイルフォルダー、写真数枚、硬貨数枚で、それ以外は何もありませんでした。あなたにお電話いたしましたが、繋がりませんでした。

こちらのオフィスに確認のためにお越しいただき、あなたの物であったら、お引き取りいただけます。本人確認のために写真付き身分証明書を必ずお持ちください。

敬具

Russ Blackwell
Toronto Transit

31. ウェブページの情報の目的は何ですか。

(A) 手続きを説明すること
(B) 拾得物を報告すること
(C) スタッフに問題を知らせること
(D) 苦情に対応すること

32. Colemanさんのブリーフケースについて何が示されていますか。

(A) 分類されていない。
(B) 午後に紛失した。
(C) 取手がひとつしかない。
(D) 30日間保管される。

33. Colemanさんが提供できなかった情報は何ですか。

(A) 住所
(B) 色
(C) ブランド
(D) 材質

34. Eメールの第2段落3行目の form に最も意味が近いのは

(A) パターン
(B) タイプ
(C) 文書
(D) 形

35. ブリーフケースの中で見つからなかったものは何ですか。

(A) フォルダー
(B) 免許証
(C) 何枚かの写真
(D) いくらかのお金

Questions 36–40 refer to the following coupon, article, and comment form. 8

PYRAMID PLUMBERS

THE BEST PLUMBERS IN NORTHERN CALIFORNIA

3372 Ocean Ave., Ferndale, CA 95536, USA
(Phone: 555-2709)

Cut out this coupon to get:

$30 off a water pipe replacement
$25 off a faucet replacement
$50 off a water heater installation
$15 off our drain cleaning service

Present this coupon at the time of estimate.

Cold Spell Freezes and Breaks Pipes

Ferndale (December 19)—Due to the unusually cold temperatures in Northern California this week, many homeowners have had to deal with frozen and broken water pipes. The cold spell has also brought about plenty of work for plumbers, who have been working overtime to replace those pipes.

Ferndale plumber Scott Jacobs said that the freezing conditions have kept him very busy. "If a pipe is broken and you don't know about it, a lot of water could leak out, leading to a huge water bill," he said. "So, when it's really cold, make sure to take a couple of minutes each day to walk around your house and check for leaking water."

The cold weather is expected to last until Tuesday. Mr. Jacobs advised that if you have a broken pipe, turn off the water immediately and notify a plumber.

http://www.pyramidplumbers.com/about-us/testimonials/

Comment

Scott Jacobs answered all my questions about the new water heater he installed for me and demonstrated how it works. Initially, he had to reschedule the installation. But I didn't mind because I knew that so many people urgently needed a plumber during last week's cold weather. Mr. Jacobs was on time and very polite. Plus, I had his business's coupon, which brought down the price. Without question, I'll use Pyramid Plumbers again if the need arises.

Name	**Date**
Paulina Cohen	December 27

36. What is NOT indicated about Pyramid Plumbers?

(A) It is based in Northern California.
(B) It offers a discount for faucet replacements.
(C) Its coupon must be presented during an estimate.
(D) It guarantees the lowest prices on water pipes.

37. Why have plumbers been busy in Northern California?

(A) There is a shortage of plumbing companies in the region.
(B) There are several construction projects underway in the area.
(C) The weather in December has been colder than usual.
(D) The heating system in an apartment building is broken.

38. According to the article, what should people do when the weather is cold?

(A) Make daily inspections around their property
(B) Wrap their water pipes with insulating material
(C) Check their water bills for irregularities
(D) Increase the temperature of water in their plumbing systems

39. What is probably true about Ms. Cohen?

(A) She inquired about a cleaning service.
(B) She had to cancel an installation.
(C) She had Mr. Jacobs fix a broken pipe.
(D) She received a discount of 50 dollars.

40. Why most likely did Mr. Jacobs have to reschedule a job for Ms. Cohen?

(A) He did not have the right tool.
(B) He was busy repairing broken pipes.
(C) He had to attend an important meeting.
(D) He was unable to do the job without assistance.

36. 正解 (D)

(A)、(B)、(C) の該当箇所は、すべてクーポンに記載されている。(A) It is based in Northern California. (北カリフォルニアに拠点を置いている) は THE BEST PLUMBERS IN NORTHERN CALIFORNIA (北カリフォルニアで一番の配管工) に、(B) It offers a discount for faucet replacements. (蛇口の交換に対して値引きをしている) は $25 off a faucet replacement (蛇口の交換が25ドル引き) に、(C) Its coupon must be presented during an estimate. (クーポンは見積もり中に提示する必要がある) は Present this coupon at the time of estimate. (見積もりの際、このクーポンをご提示ください) に対応している。(D) It guarantees the lowest prices on water pipes. (水道管が最低価格であることを保証する) に対応する箇所はない。

TOEIC の世界では水漏れが異常に多発するので、plumber (配管工) がリスニング、リーディング両セクションで大活躍します。

37. 正解 (C)

記事の第1段落から、この記事が書かれた12月19日の時点で、異常寒波により水道管の凍結と破損が起こり、配管工の仕事が増えていることがわかる。よって、(C)The weather in December has been colder than usual. (12月の天候がいつもより寒い) が正解。

38. 正解 (A)

記事の第2段落に when it's really cold, make sure to take a couple of minutes each day to walk around your house and check for leaking water. (とても寒い時期は毎日数分、必ず家の周りを歩き、水漏れがないか確認してください) とあるので、(A) Make daily inspections around their property (建物の周りを毎日点検する) が正解。

本文のcheck (チェックする) が選択肢ではmake inspections (点検する、検査を行う) に言い換えられています。inspection の動詞 inspect (検査する) は、TOEIC 頻出語で、in (中を) spect (見る) が語源となっています。

39. 正解 (D)

コメントフォームの内容から Ms. Cohen は、Pyramid Plumbers を通して Scott Jacobs に給湯器を設置してもらったことがわかる。また、コメントフォームの後半に Plus, I had his business's coupon, which brought down the price. (さらに、私は彼の店のクーポンを持っていたので、料金も安くなりました) とあるので、クーポンを使って値引きを受けたことがわかる。クーポンには、$50 off a water heater installation (給湯器の設置が50ドル引き) とあるので、(D) She received a discount of 50 dollars. (50ドルの値引きを受けた) が正解。

第1－第3文書間のクロス問題です。water heater (給湯

器）と Pyramid Plumbers という社名が、2つの文書上の共通キーワードです。「複数の文書上の共通語はクロス問題のヒント」と意識しましょう。

40. 正解 (B)

コメントフォームにInitially, he had to reschedule the installation. But I didn't mind because I knew that so many people urgently needed a plumber during last week's cold weather.（最初、彼は設置の予定を変更しなければなりませんでした。しかし、先週の寒波で多くの人が緊急に配管工を必要としていたことを知っていたので、気になりませんでした）とある。また、記事の内容から、異常寒波で破損した水道管修理に配管工の仕事が増えていることがわかる。よって、(B) He was busy repairing broken pipes.（壊れたパイプの修理に忙しかった）が正解。

第2−第3文書間のクロス問題です。ちなみに、任天堂のゲームのキャラクターとして世界的に有名な「マリオ」の職業も配管工です。言われてみれば、しょっちゅう水道管を出たり入ったりしていますね。

語注

- □ **plumber** 名 配管工
- □ **replacement** 名 交換
- □ **faucet** 名 蛇口
- □ **installation** 名 設置
- □ **drain** 名 排水管
- □ **present** 動 提示する、示す
- □ **estimate** 名 見積もり
- □ **cold spell** 寒波
- □ **freeze** 動 凍結させる（過去形はfroze、過去分詞はfrozen）
- □ **homeowner** 名 住宅所有者
- □ **deal with ～** ～に対処する
- □ **frozen** 形 凍結した
- □ **bring about ～** ～をもたらす、引き起こす
- □ **work overtime** 時間外に働く
- □ **replace** 動 交換する
- □ **leak** 動 漏れる
- □ **lead to ～** ～につながる
- □ **bill** 名 請求書
- □ **last** 動 続く
- □ **advise** 動 勧める、忠告する
- □ **immediately** 副 直ぐに
- □ **notify** 動 知らせる
- □ **demonstrate** 動 実演する
- □ **initially** 副 最初
- □ **reschedule** 動 予定を変更する

□ **urgently** 副 緊急に
□ **on time** 時間通り
□ **polite** 形 礼儀正しい
□ **without question** 疑問の余地なく、間違いなく
□ **arise** 動 生じる（過去形はarose、過去分詞はarisen）
□ **be based in ～** ～に拠点を置く
□ **guarantee** 動 保証する、確約する
□ **shortage** 名 不足
□ **region** 名 地域
□ **underway** 形 進行中で
□ **daily** 形 毎日の
□ **inspection** 名 点検
□ **property** 名 建物、所有物
□ **wrap** 動 覆う、包む
□ **insulating** 名 断熱、絶縁
□ **irregularity** 名 異常、不規則

訳

問題 36〜40 は次のクーポン、記事、コメントフォームに関するものです。

PYRAMID PLUMBERS

北カリフォルニアで一番の配管工

3372 Ocean Ave., Ferndale, CA 95536, USA

（電話：555-2709）

このクーポンを切り取って、以下にご利用ください：

水道管の交換が30ドル引き

蛇口の交換が25ドル引き

給湯器の設置が50ドル引き

排水管洗浄サービスが15ドル引き

見積もりの際、このクーポンをご提示ください。

寒波によるパイプの凍結と破壊

Ferndale（12月19日）――今週北カリフォルニアを襲った例年にない低気温により、多くの住宅所有者は水道管の凍結と破損に対処しなければならなかった。寒波はまた、配管工に多くの仕事をもたらし、彼らはそれらの水道管を取り換えるため、時間外で働き続けている。

Ferndale の配管工、Scott Jacobs は、凍結がもたらす状況により非常に忙しいと語った。「もしパイプが壊れていてそれを知らなければ、大量の水が漏れる可能性があり、莫大な水道料金につながります」と彼は言った。「ですから、とても寒い時期は毎日数分、必ず家の周りを歩き、水漏れがないか確認してください。」

寒気は火曜日まで続くと予想されている。Jacobsさんは、パイプが壊れていたら直ぐに水道を止め、配管工に知らせるよう忠告した。

---

http://www.pyramidplumbers.com/about-us/testimonials/

コメント
Scott Jacobsは、設置してくれた新しい給湯器に関するすべての質問に答え、どのように機能するか実演してくれました。最初、彼は設置の予定を変更しなければなりませんでした。しかし、先週の寒波で多くの人が緊急に配管工を必要としていたことを知っていたので、気になりませんでした。Jacobsさんは時間を守り、礼儀正しい方でした。さらに、私は彼の店のクーポンを持っていたので、料金も安くなりました。必要が生じれば、間違いなくPyramid Plumbersを再び利用します。

名前	日付
Paulina Cohen	12月27日

36. Pyramid Plumbersについて示されていないものは何ですか。

(A) 北カリフォルニアに拠点を置いている。
(B) 蛇口の交換に対して値引きをしている。
(C) クーポンは見積もり中に提示する必要がある。
(D) 水道管が最低価格であることを保証する。

37. 北カリフォルニアで配管工が忙しいのはなぜですか。

(A) この地域では配管会社が不足している。
(B) この地域ではいくつかの建設プロジェクトが進行中である。
(C) 12月の天候がいつもより寒い。
(D) アパートの暖房装置が壊れている。

38. 記事によると、人々は寒い時期、何をすべきですか。

(A) 建物の周りを毎日点検する
(B) 水道管を断熱材で覆う
(C) 水道代に異常がないか確認する
(D) 配管システム中の水温を上げる

39. Cohenさんについておそらく正しいものはどれですか。

(A) クリーニングサービスについて尋ねた。
(B) 設置をキャンセルしなければならなかった。
(C) Jacobsさんに壊れたパイプを修理してもらった。
(D) 50ドルの値引きを受けた。

40. JacobsさんがCohenさんのための仕事の予定を変更しなければならなかったのはおそらくなぜですか。

(A) 適切な道具を持っていなかった。
(B) 壊れたパイプの修理に忙しかった。
(C) 重要な会議に出席しなければならなかった。
(D) 手助けなしで仕事をすることができなかった。

Questions 41–45 refer to the following notice, Web page, and text message. 9

Scheduled Subway Closures

Maintaining subway infrastructure is critical to ensuring a safe and reliable transit system. While we do most of our maintenance work after service has ceased for the night, some closures are required during the day for construction activities. Please note that the following subway closures are scheduled for April. Stations on these lines will also be closed at the times listed below.

- **Yellow Line:** Monday, April 12, all day
- **Red Line:** Monday, April 12 from 6:00 A.M. to 11:00 A.M.
- **Yellow Line:** Tuesday, April 13, all day
- **Blue Line:** Thursday, April 15, all day
- **Orange Line:** Monday, April 19 from 6:00 A.M. to 1:00 P.M.

quincyarena.com/access/

Getting to the Quincy Arena

Located in the city center, the arena is between Rosewood Drive and Harland Avenue. The nearest metro station, adjacent to the arena's main entrance, is Parkview Station on the Yellow Line. Kingsley Station on the Blue Line is approximately 15 minutes from the arena on foot. There are 1,480 parking spaces available at the arena, which is easily accessible from the Brockton Bay Freeway (exits 34 and 35). For bus information and schedules, see the city's transport Web site here.

From: Feng Zhang
To: Maggie Harper
Received: April 10, 7:38 p.m.

Maggie, I'm looking forward to attending the trade expo with you next week. We can't take the subway directly to Quincy Arena as we'd planned, as the line will be closed that day. The Blue Line goes there too, but there aren't any stations near our office on that line. How about taking a taxi? We can leave the office at 10:00 A.M. Let me know if that works for you. Thanks.

41. What information is NOT given in the notice?

(A) The usual time of day for maintenance
(B) The stops on a subway line
(C) The reason for some construction
(D) The dates of some closures

42. What is suggested on the Web page?

(A) There is a subway station close to the arena.
(B) A shuttle bus runs between the arena and the city.
(C) Parkview and Kingsley Stations are on the same line.
(D) City buses do not make stops in front of the arena.

43. What does Mr. Zhang indicate in the text message?

(A) Walking to the arena from his office takes 15 minutes.
(B) Riding a subway is unpleasant during rush hour.
(C) His workplace is not close to any Blue Line stations.
(D) He always takes a taxi when he goes to the arena.

44. What is the main purpose of the text message?

(A) To make suggestions for improving a service
(B) To ask for opinions about office procedures
(C) To encourage attendance at an event
(D) To work out transportation arrangements

45. Which subway line did Mr. Zhang and Ms. Harper plan to take?

(A) The Red Line
(B) The Yellow Line
(C) The Blue Line
(D) The Orange Line

41. 正解 (B)

(A) The usual time of day for maintenance (メンテナンスの通常時間帯) は、we do most of our maintenance work after service has ceased for the night (ほとんどのメンテナンス作業は夜間の運行が終了した後で行います) に、(C) The reason for some construction (建設の理由) は、Maintaining subway infrastructure is critical to ensuring a safe and reliable transit system. (地下鉄設備のメンテナンスは、安全で信頼性の高い交通システムを確保するために重要です) に対応している。また、(D) The dates of some closures (いくつかの閉鎖の日付) に関しては、お知らせの終わりにある各路線の閉鎖日程に載っている。(B) The stops on a subway line (地下鉄の停車駅) に関する記載はない。

stop には、バスや電車の「停車地」という意味があります。Our next stop is Tokyo. (次の停車地は東京です) といった英語の車内アナウンスでも耳にする単語です。

42. 正解 (A)

ウェブページに The nearest metro station, adjacent to the arena's main entrance, is Parkview Station on the Yellow Line. (地下鉄の最寄り駅は、アリーナの中央口に隣接する Yellow Line の Parkview Station です) とあるので、(A) There is a subway station close to the arena. (アリーナの近くに地下鉄の駅がある) が正解。

 正解の根拠となる本文中のadjacent to（～に隣接した）はnext to（～の隣に）のフォーマルな表現です。TOEICに出る重要語なので、覚えておきましょう。

43. 正解 (C)

テキストメッセージにThe Blue Line goes there too, but there aren't any stations near our office on that line.（Blue Lineもそこに行きますが、私たちのオフィスの近くにその路線の駅はありません）とある。(C) His workplace is not close to any Blue Line stations.（彼の職場はBlue Lineのどの駅の近くでもない）が正解。

 TOEICの世界では、鉄道はよく利用されていて、リスニングでは、駅での会話やアナウンス、車内放送なども出題されます。

44. 正解 (D)

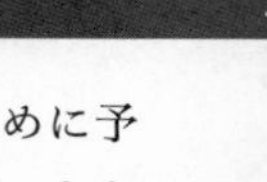

テキストメッセージには、路線が閉鎖されるために予定していた地下鉄に乗ってアリーナへ行くことができない、Blue Lineは近くに駅がない、タクシーで行くのはどうかといったことが書かれているので、(D) To work out transportation arrangements（交通手段を調整すること）が正解。

正解の選択肢のwork outは、「調整する」以外に、「うまくいく」「解決する」「運動する」といった意味もあります。同義語問題での出題例があるので、頭に入れておきましょう。

45. 正解 (B)

テキストメッセージに、利用する予定だった路線が閉鎖されるため直接 Quincy Arena に行けなくなったこと、そして Blue Line はオフィスの近くに駅がないことが書かれている。また、ウェブページから、アリーナへ行くには Yellow Line の Parkview Station か Blue Line の Kingsley Station が利用できることがわかる。よって、彼らが利用する予定だったのは、(B) The Yellow Line ということになる。

第2－第3文書間のクロス問題です。会場の近くにある駅は Yellow Line と Blue Line。この二人の会社の近くに Blue Line の駅はない。よって、Yellow Line に乗る予定だったと推測できます。

語注

- □ **maintain** 動 メンテナンス（保守整備）をする
- □ **infrastructure** 名 設備、基盤、インフラ
- □ **critical** 形 重要な
- □ **ensure** 動 確保する、確実にする
- □ **reliable** 形 信頼できる
- □ **transit** 名 交通
- □ **cease** 動 終わる
- □ **require** 動 求める
- □ **construction** 名 建設
- □ **please note that ～** ～をご承知おきください
- □ **located** 形 位置する
- □ **metro** 名 地下鉄
- □ **adjacent to ～** ～に隣接した
- □ **approximately** 副 約
- □ **on foot** 徒歩で
- □ **accessible** 形 利用しやすい、行きやすい
- □ **transport** 名 交通機関
- □ **trade expo** 見本市
- □ **directly** 副 直接
- □ **unpleasant** 形 不快な
- □ **improve** 動 向上させる
- □ **procedure** 名 手続き、手順
- □ **attendance** 名 参加
- □ **work out** 調整する
- □ **transportation** 名 交通
- □ **arrangement** 名 手配

訳

問題41～45は次のお知らせ、ウェブページ、テキストメッセージに関するものです。

予定されている地下鉄の閉鎖

地下鉄設備のメンテナンスは、安全で信頼性の高い交通システムを確保するために重要です。ほとんどのメンテナンス作業は夜間の運行が終了した後で行いますが、建設作業のために日中に閉鎖が必要になることもあります。地下鉄の閉鎖は4月に、以下の通り予定されていますことをご承知おきください。これらの路線の駅も以下の期間に閉鎖されます。

- Yellow Line：4月12日月曜日、終日
- Red Line：4月12日月曜日、午前6時から午前11時
- Yellow Line：4月13日火曜日、終日
- Blue Line：4月15日木曜日、終日
- Orange Line：4月19日月曜日、午前6時から午後1時

---

quincyarena.com/access/

Quincy Arena への行き方

アリーナは市の中心部に位置し、Rosewood Drive と Harland Avenue の間にあります。地下鉄の最寄り駅は、アリーナの中央口に隣接する Yellow Line の Parkview Station です。Blue Line の Kingsley Station は、アリーナから徒歩約15分です。アリーナには1,480台の駐車スペースがあり、Brockton Bay Freeway (34番出口と35番出口) からのご利用が便利です。バスの情報と時刻表は、こちらから市の交通機関サイトをご覧ください。

送信者 : Feng Zhang
宛先 : Maggie Harper
受信 : 4月 10日、午後7時38分

Maggie、来週あなたと見本市に参加するのを楽しみにしています。その日は路線が閉鎖されるので、予定通り地下鉄で直接 Quincy Arena まで行くことができません。Blue Line もそこに行きますが、私たちのオフィスの近くにその路線の駅はありません。タクシーで行くのはどうですか。午前10時にオフィスを出ることができます。それがあなたにとって都合が良いか私に知らせてください。よろしくお願いします。

41. お知らせに記載されてない情報は何ですか。

(A) メンテナンスの通常時間帯
(B) 地下鉄の停車駅
(C) 建設の理由
(D) いくつかの閉鎖の日付

42. ウェブページには何が示されていますか。

(A) アリーナの近くに地下鉄の駅がある。
(B) シャトルバスはアリーナと市内間を運行している。
(C) Parkview Station と Kingsley Station は同じ路線にある。
(D) 市内バスはアリーナの前に停車しない。

43. Zhang さんはテキストメッセージで何を示していますか。

(A) 彼のオフィスからアリーナまで徒歩で15分かかる。
(B) 混雑時に地下鉄に乗ることは不快である。
(C) 彼の職場は Blue Line のどの駅の近くでもない。
(D) アリーナに行くとき、彼は常にタクシーに乗る。

44. テキストメッセージの主な目的は何ですか。

(A) サービスを改善するための提案をすること
(B) 事務手続きについて意見を求めること
(C) イベントへの参加を勧めること
(D) 交通手段を調整すること

45. Zhang さんと Harper さんはどの地下鉄路線を利用する予定でしたか。

(A) Red Line
(B) Yellow Line
(C) Blue Line
(D) Orange Line

Questions 46–50 refer to the following memo, e-mail, and introduction. 10

From: Julie O'Rourke, Managing Editor, Gresham Metro News
To: All newsletter writers

To maintain our strong relationship with the community, we are going to provide readers with a new, engaging column. These articles will offer advice on everyday topics, such as gardening, fitness, and community involvement. "Ask Gresham Metro" will be the name of the column, which will first appear in our March edition.

Readers will be encouraged to write to us and ask for advice. For the first article, however, we will choose one of our own topics. Please submit your suggestions to the assistant editor by no later than February 10. He and I will then choose one that we feel is most fitting for the column's kickoff.

From: Brad Gifford
Re: Column Suggestions
Date: February 12

Dear All,

Thank you for sending me your ideas in regard to *Ask Gresham Metro*. Julie and I agree that four of them particularly suit the column's theme. Those suggestions and the writers who came up with them are as follows.

Topic	Submitted by
Information on adopting a pet	Eve Peterson
Volunteer events around town	Sidney McGuire
Tips on preparing to sell a house	Allyson Harper
Best places for jogging in Gresham	Braden Acevedo

We like all of these and cannot agree on which one should come first. Therefore, we want to know who has enough time to write about their topic before February 22. Please let me know as soon as possible.

Thanks again for the excellent ideas!

Brad

Ask Gresham Metro

Gresham Metro News is pleased to introduce its new advice column. In each edition of our newsletter, one of our knowledgeable staff will field a question from the community about living in Gresham.

Do you have a question to ask? If you do, please mail it to us at advice@gmn.org.

Since we have not received any questions yet, we picked the first *Ask Gresham Metro* topic. In the following article, we give tips to those of you getting ready to sell your home. We hope you enjoy the article, and don't forget to check this column for other advice in the future.

46. What is the purpose of the memo?

(A) To summarize feedback from subscribers
(B) To provide information about trends
(C) To request some revisions to an article
(D) To ask staff members for some ideas

47. What is suggested about Brad Gifford?

(A) He is an assistant editor.
(B) He renewed a subscription.
(C) He is unhappy with the length of submissions.
(D) He will interview a writer on February 22.

48. What does Mr. Gifford indicate in his e-mail?

(A) Ms. O'Rourke and Mr. Gifford did not receive any suggestions.
(B) Ms. O'Rourke and Mr. Gifford could not make a decision.
(C) The release of a publication will have to be delayed.
(D) A new column will be on the first page of the newsletter.

49. What are readers of the newsletter asked to do?

(A) Fill in a questionnaire
(B) Send questions by e-mail
(C) Choose a title they prefer
(D) Read a set of instructions

50. Who submitted the idea for the first article?

(A) Eve Peterson
(B) Sidney McGuire
(C) Allyson Harper
(D) Braden Acevedo

46. 正解 (D)

連絡メモの第2段落にPlease submit your suggestions to the assistant editor by no later than February 10.（提案を遅くとも2月10日までに編集アシスタントに送ってください）とある。このsuggestions（提案）は、ニュースレター上の新規コラムのトピック案のことなので、(D) To ask staff members for some ideas（スタッフに案を求めること）が正解。

文書の目的が何かの依頼の場合、ここでのPlease ～. やCould you ～?、I would like you to ～. といった依頼表現に続く部分が解答の根拠となることがよくあります。頭に入れておきましょう。

47. 正解 (A)

編集長のJulie O'Rourkeは、連絡メモの第2段落で、提案を編集アシスタント宛に送るように頼み、He and I will then choose one that we feel is most fitting for the column's kickoff.（そして、彼と私で初回のコラムに一番ふさわしいと思うものを選びます）と述べている。また、Eメールの第1段落に、Julie and I agree that four of them particularly suit the column's theme.（そのうちの4つが、特にコラムのテーマに適しているということでJulieと私は同意しています）とある。よって、このEメールの送信者であるBrad Giffordは、編集アシスタントであると判断できる。

Eメール冒頭のThank you for sending me your ideas

in regard to *Ask Gresham Metro*. も解答のヒントになります。連絡メモで、提案を編集アシスタント宛てに送るよう指示があり、この文の me が E メールの差出人の Brad Gifford であることから、この人物が編集アシスタントだとわかります。

48. 正解 (B)

E メールの第2段落に We like all of these and cannot agree on which one should come first.（私たちはどれも気に入っており、どれを優先するかについては合意に至っていません）とある。この we は Ms. O'Rourke と Mr. Gifford を指すので、(B) Ms. O'Rourke and Mr. Gifford could not make a decision.（O'Rourke さんと Gifford さんは決めることができなかった）が正解。

正解の根拠となる本文中の agree on ～（～について同意する）は重要表現です。agree to do（～することに同意する）や agree with〈人〉（〈人〉に同意する）も合わせて覚えておきましょう。

49. 正解 (B)

紹介文の第2段落に Do you have a question to ask? If you do, please mail it to us at advice@gmn.org.（聞きたいことはありませんか。もしあれば、advice@gmn.org 宛に E メールでお送りください）とあるので、(B) Send questions by e-mail（E メールで質問を送る）が正解。

newsletter は、地域住民、会員、社員、購読者等、特定のグループに向けて情報を発信するレポートのことです。TOEIC では、社員に向けた a company newsletter（社内報）が頻出です。

50. 正解 (C)

紹介文の第3段落に、最初の記事は家を売る準備をしている人へのアドバイスであることが書かれている。そして、E メール中の提出された案の表から、Tips on preparing to sell a house（住宅売却への準備に関する助言）を提出したのは、Allyson Harper であるとわかる。

初めの2つの文書を読むと、複数の候補があり、3つ目の文書でそのうち1つに決まるのは、クロス問題の定番の出題パターンです。

語注

- □ **maintain** 動 保つ
- □ **engaging** 形 魅力的な、人を惹きつける
- □ **community involvement** コミュニティでの活動、地域社会参加
- □ **edition** 名 号
- □ **assistant editor** 編集アシスタント
- □ **by no later than ～** 遅くとも～までに

□ **fitting** 形 ふさわしい
□ **kickoff** 名 初回
□ **in regard to ～** ～に関する
□ **particularly** 副 特に
□ **suit** 動 適する
□ **come up with ～** ～を思いつく、考え出す
□ **as follows** （～は）次の通り
□ **adopt** 動 里親になる
□ **knowledgeable** 形 知識豊富な
□ **field** 動（質問に）答える
□ **pick** 動 選ぶ
□ **summarize** 動 要約する
□ **subscriber** 名 定期購読者
□ **trend** 名 流行
□ **revision** 名 改訂
□ **renew** 動 更新する
□ **subscription** 名 定期購読
□ **submission** 名 提出物
□ **release** 名 発行
□ **publication** 名 出版物
□ **fill in** 記入する
□ **questionnaire** 名 アンケート
□ **instruction** 名 注意書き、説明書き

訳

問題46～50は次の連絡メモ、Eメール、紹介文に関するものです。

送信者：Julie O'Rourke、編集長、Gresham Metro News
宛先：　全ニュースレターライター

地域社会との強いつながりを保つため、読者に新しい魅力的なコラムを提供していこうと思います。そこでは、ガーデニング、フィットネス、コミュニティでの活動など、日常のトピックに関するアドバイス記事を載せていきます。コラムの名前は『Ask Gresham Metro』で、3月号から連載が始まります。

アドバイスを求める手紙を読者の方に書いて送ってもらうようお願いすることになりますが、初回は私たちでトピックを選ばなくてはなりません。提案を遅くとも2月10日までに編集アシスタントに送ってください。そして、彼と私で初回のコラムに一番ふさわしいと思うものを選びます。

送信者：Brad Gifford
件名：　コラム提案
日付：　2月12日

各位

Ask Gresham Metro に関する提案をお送りいただきありがとうございます。そのうちの4つが、特にコラムのテーマに適していることでJulieと私は同意しています。それらの提案と提案者は以下の通りです。

トピック	提出者
ペットの里親になる情報	Eve Peterson
街のボランティアイベント	Sidney McGuire
住宅売却への準備に関する助言	Allyson Harper
Gresham でジョギングに最適な場所	Braden Acevedo

私たちはどれも気に入っており、どれを優先するかについては合意に至っていません。よって、2月22日までに、誰が各トピックについて書く十分な時間があるのかを知りたいと思っています。できるだけ早く知らせてください。

くり返し、素晴らしい提案に感謝いたします。

Brad

Ask Gresham Metro

Gresham Metro News は、新しいアドバイスコラムを発表できることを嬉しく思います。ニュースレターの各号で、知識豊富なスタッフがGreshamでの生活について、地域の皆様からの質問にお答えします。

聞きたいことはありませんか。もしあれば、advice@gmn.org宛にEメールでお送りください。

まだ質問を受けていないので、最初の *Ask Gresham Metro* のトピックはこちらで選びました。次の記事では、家を売る準備をしている人たちにアドバイスします。この記事をお楽しみください。また、今後このコラムで他のアドバイスのチェックをお忘れなく。

46. この連絡メモの目的は何ですか。

(A) 定期購読者からのフィードバックを要約すること
(B) 流行に関する情報を提供すること
(C) 記事の変更を求めること
(D) スタッフに案を求めること

47. Brad Giffordについて何が分かりますか。

(A) 編集アシスタントである。
(B) 定期購読を更新した。
(C) 提出物の長さに不満である。
(D) 2月22日にライターの面接を行う。

48. Gifford さんは E メールで何を示していますか。

(A) O'Rourke さんと Gifford さんは何の提案も受け取っていない。

(B) O'Rourke さんと Gifford さんは決めることができなかった。

(C) 出版物の発行は延期される必要がある。

(D) 新しいコラムはニュースレターの 1 ページ目になる。

49. ニュースレターの読者は何をするように求められていますか。

(A) アンケートに記入する

(B) E メールで質問を送る

(C) 好みのタイトルを選ぶ

(D) 一連の注意書きを読む

50. 最初の記事の案を提出したのは誰ですか。

(A) Eve Peterson

(B) Sidney McGuire

(C) Allyson Harper

(D) Braden Acevedo

Questions 51–55 refer to the following list, invitation, and schedule. 11

Books by Mary Bishop

Building Your Brand: A Comprehensive Guide
Building a successful brand is the ultimate goal of any business. This book for managers explains how to establish a brand and covers everything from choosing the right logo to communicating a company's purpose.

Launching a Start-up Business and Making it Last
Learn the skills you need to launch a start-up. In this book, the author explains the successes and failures she faced while setting up her own company. She also provides step-by-step guidance for managers trying to grow their business.

What They Don't Teach in Business School
Rich with stories about actual business situations, this book focuses on how to make good management decisions. Ms. Bishop also introduces several case studies to illustrate how business problems can be analysed and resolved.

Winning Strategies for Reaching Agreements
Become a great dealmaker with this helpful book filled with negotiation strategies. Discover Ms. Bishop's key principles of negotiation and how to apply them. This book is essential for managers who want to enhance their bargaining skills.

McCormick Press

189 Queen Street,
Melbourne VIC 3000
mccormickpress.com

3 October

Mary Bishop
270 Collins Road,
Melbourne VIC 3000

Dear Ms. Bishop,

McCormick Press cordially invites you and one guest to our annual banquet. The celebration will take place on 23 November at the Neilson Park Hotel, 494 Spencer Street, Melbourne VIC 3000.

The party will get started at 5 P.M., followed by a welcome speech from the CEO of McCormick Press. A buffet-style dinner will then be served, during which our senior editors will acknowledge our best-selling publications this year and the authors who wrote them.

Please confirm your attendance by e-mailing Susan Jefferies (sjefferies@mccormickpress.com) no later than 14 November. If you plan to attend, please indicate whether you will be bringing a guest.

Yours sincerely,

Daryl Darby

Daryl Darby
Senior Vice President
McCormick Press

McCormick Press Annual Banquet

Enjoy the Evening!

5:00
Doors Open

5:30
Welcome Speech:
Peter Wilson

6:00–9:00
Buffet Dinner

7:00–8:30
Recognitions:

- Mildred Kruger and her book on ancient technology
- Eddie Perez and his debut novel, *Eureka City*
- Mary Bishop and her latest book on negotiating skills
- Jacob Holland and his biography on actor Eric Jones

8:30
Dessert

9:30
Closing Remarks:
Christine Adams

51. What do all of Ms. Bishop's books have in common?

(A) They are all intended for managers.
(B) They all contain several diagrams.
(C) They are all available online.
(D) They all focus on start-up businesses.

52. What is suggested about Ms. Bishop?

(A) She coauthored a book with Daryl Darby.
(B) She cannot attend a reception.
(C) She has published a book with McCormick Press.
(D) She has recently reviewed a popular novel.

53. What is Ms. Bishop instructed to do?

(A) Arrive one hour early for the banquet
(B) Present an award to an author on stage
(C) Purchase a ticket by November 14
(D) Tell Ms. Jefferies if she will be attending

54. Who most likely is the CEO of McCormick Press?

(A) Daryl Darby
(B) Peter Wilson
(C) Mildred Kruger
(D) Christine Adams

55. Which book will be acknowledged during the banquet?

(A) *Building Your Brand: A Comprehensive Guide*
(B) *Launching a Start-up Business and Making it Last*
(C) *What They Don't Teach in Business School*
(D) *Winning Strategies for Reaching Agreements*

51. 正解 (A)

リストに載っている本の紹介を見ると、1冊目はThis book for managers（経営者向けのこの本）、2冊目はShe also provides step-by-step guidance for managers（彼女はまた経営者のために、段階を追った助言も行います）、3冊目はthis book focuses on how to make good management decisions.（この本は、いかにして適切な経営判断を下すかが焦点になっています）、4冊目はThis book is essential for managers（この本は、経営者にとって不可欠です）と紹介されている。よって、(A) They are all intended for managers.（すべて経営者向けである）が正解。

3冊目の正解の根拠が見つけづらかったかもしれませんが、経営上の意思決定を行う（make management decisions）のは、managersです。

52. 正解 (C)

招待状の第2段落にA buffet-style dinner will then be served, during which our senior editors will acknowledge our best-selling publications this year and the authors who wrote them.（その後ビュッフェ形式のディナーとなり、その間、編集主任が本年度の当社のベストセラー出版物とそれらを執筆した著者に感謝の意をお伝えいたします）とあり、予定表中のビュッフェ形式のディナーの間に行われる表彰の欄にMary Bishop and her latest book on negotiating skills

(Mary Bishopと交渉スキルに関する彼女の最新本)とある。ここから、Ms. BishopがMcCormick Pressからベストセラー本を出版していることがわかる。

53. 正解 (D)

招待状の第3段落にPlease confirm your attendance by e-mailing Susan Jefferies (Susan JefferiesにEメールで出席の確認をお願いいたします)とあるので、(D) Tell Ms. Jefferies if she will be attending (出席するかどうかJefferiesさんに知らせる)が正解。

54. 正解 (B)

招待状の第2段落にThe party will get started at 5 P.M., followed by a welcome speech from the CEO of McCormick Press. (パーティーは午後5時に始まり、McCormick PressのCEOによる歓迎の挨拶が続きます)とある。また、予定表を見ると、5時30分に歓迎の挨拶が入っており、担当がPeter Wilsonとなっている。よって、彼がMcCormick PressのCEOであるとわかる。

正解の根拠となる本文中の表現、X followed by Y (Xの後にYが続く)の形では、Xが先、Yが後です。XがYに後からフォローされるイメージです。前後関係に注意しましょう。

55. 正解 (D)

予定表の表彰欄に Mary Bishop and her latest book on negotiating skills (Mary Bishop と交渉スキルに関する彼女の最新本) とあるので、謝辞を受けるのは交渉スキルに関する本であるとわかる。リスト中の本のうち、4冊目の *Winning Strategies for Reaching Agreements* (『合意に達するための成功戦略』) の説明に this helpful book filled with negotiation strategies (交渉戦略満載のこの有益な本) とあるので、交渉スキルに関する本であるとわかる。

設問中の動詞 acknowledge は、「謝辞を述べる」以外に、「認める、(受取を) 知らせる」といった意味でも出ます。名詞は acknowledgement (謝辞、受取通知、同意) です。スケジュール表の recognition (表彰) も重要語です。合わせて覚えましょう。

語注

- □ **comprehensive** 形 総合的な
- □ **ultimate** 形 究極の
- □ **business** 名 会社、企業
- □ **manager** 名 経営者
- □ **establish** 動 確立する
- □ **cover** 動 取り上げる
- □ **communicate** 動 伝達する
- □ **launch** 動 立ち上げる
- □ **last** 動 続く
- □ **face** 動 直面する
- □ **set up** 設立する
- □ **step-by-step** 形 段階を追った
- □ **guidance** 名 助言
- □ **rich with ～** ～が豊富
- □ **situation** 名 状況
- □ **focus on ～** ～に焦点を当てる
- □ **management decision** 経営上の意思決定
- □ **case study** 事例研究
- □ **illustrate** 動 説明する
- □ **analyse** 動 分析する（アメリカ英語ではanalyze）
- □ **resolve** 動 解決する
- □ **strategy** 名 戦略
- □ **reach** 動 達する
- □ **agreement** 名 合意
- □ **dealmaker** 名 交渉役
- □ **negotiation** 名 交渉

□ **discover** 動 知る
□ **principle** 名 原則
□ **apply** 動 応用する
□ **essential** 形 不可欠な
□ **enhance** 動 高める
□ **bargaining** 名 交渉
□ **cordially** 副 誠意を持って、謹んで
□ **banquet** 名 晩餐会
□ **celebration** 名 祝賀会
□ **take place** 開催される
□ **followed by ～** ～が続く
□ **acknowledge** 動 感謝の意を表す
□ **confirm** 動 確認する
□ **attendance** 名 出席
□ **no later than ～** ～までに、～よりも遅れることなく
□ **bring** 動 (人を) 連れて来る
□ **recognition** 名 表彰
□ **ancient** 形 古代の
□ **biography** 名 伝記
□ **remark** 名 言葉、辞
□ **have in common** 共通している
□ **be intended for ～** ～に向けられている、～を想定している
□ **diagram** 名 図表
□ **coauthor** 動 共同で執筆する
□ **review** 動 書評を書く
□ **present** 動 授与する

訳

問題51～55は次のリスト、招待状、予定表に関するものです。

Mary Bishopの著書

『ブランド構築：総合ガイド』
成功するブランドを築くことは、あらゆる企業において究極の目標です。経営者向けのこの本は、ブランドを確立する方法を解説し、適切なロゴの選択から企業目的を伝えるまでのすべてを網羅しています。

『スタートアップ企業の立ち上げと継続』
スタートアップの立ち上げに必要なスキルを学びましょう。本書では、著者が自身の会社設立の際に直面した成功と失敗について説明しています。彼女はまた、会社を成長させようとしている経営者のために、段階を追った助言も行います。

『ビジネススクールで教えてくれないこと』
実際のビジネスの状況に関する話がふんだんに盛り込まれたこの本は、いかにして適切な経営判断を下すかが焦点になっています。Bishopさんは、ビジネス上の問題をいかにして分析し解決するかを説明するため、いくつかの事例研究も紹介しています。

『合意に達するための成功戦略』
交渉戦略満載のこの有益な本で優れた交渉役になりましょう。Bishopさんの交渉における重要な原則とその応用の仕方を知りましょう。この本は、交渉スキルを高めたい経営者にとって不可欠です。

McCormick Press
189 Queen Street,
Melbourne VIC 3000
mccormickpress.com

10月3日

Mary Bishop
270 Collins Road,
Melbourne VIC 3000

Bishop 様

McCormick Pressは、あなたとお一人のゲストを当社の年次晩餐会に謹んでご招待いたします。祝賀会は、11月23日に494 Spencer Street, Melbourne VIC 3000の Neilson Park Hotelにて催されます。

パーティーは午後5時に始まり、McCormick Press の CEO による歓迎の挨拶が続きます。その後ビュッフェ形式のディナーとなり、その間、編集主任が本年度の当社のベストセラー出版物とそれらを執筆した著者に感謝の意をお伝えいたします。

11月14日までに、Susan Jefferies (sjefferies@mccormickpress.com) にEメールで出席の確認をお願いいたします。出席予定の場合は、ゲストをご同伴なさるかもお伝えいただきたく存じます。

敬具

Daryl Darby
上級副社長
McCormick Press

McCormick Press 年次晩餐会
夕べをお楽しみください。

5時
開場

5時30分
歓迎の挨拶：
Peter Wilson

6時－9時
ビュッフェ形式ディナー

7時－8時30分
表彰：

- Mildred Kruger と彼女の古代技術に関する本
- Eddie Perez と彼のデビュー小説、*Eureka City*
- Mary Bishop と交渉スキルに関する彼女の最新本
- Jacob Holland と彼の俳優 Eric Jones の伝記

8時30分

デザート

9時30分

閉会の辞：

Christine Adams

51. Bishopさんのすべての本に共通しているものは何ですか。

(A) すべて経営者向けである。
(B) すべて図表を含んでいる。
(C) すべてインターネットで入手できる。
(D) すべてスタートアップ企業に焦点を当てている。

52. Bishopさんについて何が示されていますか。

(A) Daryl Darbyと本を共同で執筆した。
(B) レセプションに出席できない。
(C) McCormick Pressから本を出版している。
(D) 最近、人気小説の書評を書いた。

53. Bishopさんは何をするように指示されていますか。

(A) 晩餐会の1時間前に到着する
(B) ステージで著者に賞を授与する
(C) 11月14日までにチケットを購入する
(D) 出席するかどうかJefferiesさんに知らせる

54. McCormick Press の CEO はおそらく誰ですか。

(A) Daryl Darby
(B) Peter Wilson
(C) Mildred Kruger
(D) Christine Adams

55. 晩餐会の間に謝辞を受けるのはどの本ですか。

(A)『ブランド構築：総合ガイド』
(B)『スタートアップ企業の立ち上げと継続』
(C)『ビジネススクールで教えてくれないこと』
(D)『合意に達するための成功戦略』

Questions 56–60 refer to the following schedule, e-mail, and online comment. 12

Galene Cruises—Afternoon Activities for June 11

Activity, Time, and Place	Description
Galene Book Club 1:00–3:00 Jacob's Lounge (Deck 9)	The Galene Book Club offers an opportunity to interact with fellow passengers who enjoy reading. Gloria Parks, who is in charge of our onboard library, will lead today's discussion on Caribbean literature.
Cooking Demonstration 2:00–4:00 Scuppers Café (Deck 7)	Learn to cook! Every day, one of our talented chefs demonstrates how to prepare an exotic dish. Today, Chef Nathan Harris will make his favorite meal, so come and watch this culinary expert at work.
Volleyball Lesson 3:00–5:00 Dolphin Courts (Deck 12)	Let fitness instructor Vivian Soto help you improve your serves and spikes. Whether you are a beginner or a pro, come out and have some fun on our courts with others who like to play volleyball.
History Lecture 3:30–5:00 Binnacle Theater (Deck 10)	Guest lecturer Maurice Reid has been giving a lecture before each stop on this cruise. Today, he will talk about Barbados, just in time for tomorrow's visit to this fascinating island.

Some events fill up fast,
so make sure to sign up as early as you can!

E-Mail Message

From: Shania Walsh

To: Randal Pearson

Date: June 11

Hi Randal,

I need to make an adjustment to this afternoon's event schedule. Chef Harris is preparing for this evening's seafood banquet and just found out that the kitchen did not order enough lobsters. He needs more time to go over the kitchen's inventory and change the menu. In short, he will not be able to do his cooking demonstration.

What I would like you to do is cover for him today. Since your shift ends at 2:30 this afternoon, I will put off the demonstration by half an hour. Chef Harris was planning to show his audience how to make coconut fish curry. All the ingredients will be prepared ahead of time. So all you have to do is review the recipe and put on a good show.

If you have any questions, give me a call.

Shania Walsh
Event Coordinator
Galene Cruises

Galene Cruises

Testimonials

What a wonderful time I had on your cruise! Your ship's amenities, meals, and onboard activities all exceeded my expectations. Every single member of your crew impressed me with their professionalism and friendliness. Also, I learned a lot from your lecture series on the histories of the islands we visited. They were excellent. And since they were so popular, you should hold them in a bigger space so that more people can enjoy them. Luckily, I was able to attend all six, and they helped to enrich my experiences during our stops.

Needless to say, I will be recommending your cruise to everyone I know!

—Maggie Jennings

Next

56. According to the schedule, what will happen on June 12?

(A) A library will have a book sale.
(B) A ship will stop in Barbados.
(C) A sign-up sheet will be posted.
(D) A tournament will be held.

57. What is the purpose of the e-mail?

(A) To request an itinerary
(B) To order some goods
(C) To explain some changes
(D) To publicize a formal meal

58. What is indicated about Chef Nathan Harris?

(A) His favorite dish is coconut fish curry.
(B) His demonstration will be in the evening.
(C) He is currently looking for a new job.
(D) He will go shopping for groceries today.

59. Who gave the lectures that Ms. Jennings enjoyed?

(A) Gloria Parks
(B) Nathan Harris
(C) Vivian Soto
(D) Maurice Reid

60. What does Ms. Jennings suggest?

(A) Spending more time at a location
(B) Changing the time of an event
(C) Holding some talks in a different venue
(D) Making some lectures available online

56. 正解 (B)

予定表の日付が6月11日で、歴史講義の説明にToday, he will talk about Barbados, just in time for tomorrow's visit to this fascinating island.（今日、彼は明日のBarbadosへの訪問に間に合うようにこの魅力的な島について話します）とある。よって、翌日の6月12日にBarbadosに行くとわかる。

ちなみにBarbadosは、カリブ海に浮かぶ島国で、世界遺産もあるそうです。公用語は英語なので、英語の勉強と旅行を兼ねて、訪れるのによさそうな場所です。

57. 正解 (C)

Eメールでは、料理の実演を行うことになっていたシェフが晩餐会の準備で忙しいので、代わりに実演をやってもらいたいということが伝えられている。これは予定の変更の説明にあたるので、(C) To explain some changes（いくつかの変更を説明する）が正解。

予定の変更はTOEICにはつきものです。親戚の結婚式の日に野球観戦の予定を組むなど、登場人物の予定管理がかなり適当なこともあり、予定の変更が頻発します。

58. 正解 (A)

予定表の料理実演の説明欄に Today, Chef Nathan Harris will make his favorite meal (今日は Nathan Harris シェフがお気に入りの料理を作ります) とある。そしてEメールの第2段落に Chef Harris was planning to show his audience how to make coconut fish curry. (Harris シェフは、ココナッツフィッシュカレーの作り方を来場者に見せる予定でした) とあるので、Harris シェフのお気に入り料理はココナッツフィッシュカレーであるとわかる。

59. 正解 (D)

オンラインコメントに I learned a lot from your lecture series on the histories of the islands we visited. They were excellent. (訪ねた島々の歴史に関する講義シリーズから、私は多くのことを学びました。それらは素晴らしいものでした) とあるので、コメントを書いた Ms. Jennings は歴史の講義を楽しんだことがわかる。予定表を見ると、歴史講義の担当講師は Maurice Reid となっているので、(D) が正解。

lecture (講義) という単語が、第1文書と第3文書の共通キーワードです。こうした複数の文書上の共通語は、クロス問題のヒントになることが多いので、見逃さないよう注意しましょう。

60. 正解 (C)

Ms. Jennings はオンラインコメントで、歴史講義がとても人気だったので、より多くの人が楽しむことができるようにもっと広い場所で行うことを提案している。よって、(C) Holding some talks in a different venue (別の場所で講演を行う) が正解。

本文中の a bigger space (もっと広い場所) が、正解の選択肢では a different venue (別の場所) に言い換えられています。3つ目の文書冒頭の testimonial (お客様の声) は TOEIC 重要語です。パート7の問題の正解の根拠になることもあるので、しっかり覚えておきましょう。

語注

- □ **description** 名 説明
- □ **interact** 動 交流する
- □ **fellow** 名 仲間
- □ **in charge of ~** ~の担当
- □ **onboard** 形 船内の、乗り物内の
- □ **discussion** 名 討論
- □ **literature** 名 文学
- □ **talented** 形 優秀な
- □ **demonstrate** 動 実演する
- □ **exotic** 形 変わった、珍しい
- □ **culinary** 形 料理の
- □ **expert** 名 専門家

□ **fascinating** 形 魅力的な
□ **fill up** 満席になる
□ **adjustment** 名 調整
□ **go over** 調べる
□ **inventory** 名 在庫
□ **in short** 要するに、手短に言えば
□ **cover for ～** ～の代わりをする
□ **put off ～** ～を遅らせる
□ **ingredient** 名 材料
□ **ahead of time** 事前に
□ **put on ～** （ショーなど）を催す
□ **amenity** 名 設備
□ **exceed** 動 超える
□ **expectation** 名 期待
□ **crew** 名 乗組員
□ **impress** 動 感銘を与える
□ **professionalism** 名 プロ意識
□ **friendliness** 名 親しみやすさ
□ **enrich** 動 豊かにする
□ **needless to say** 言うまでもなく
□ **recommend** 動 推薦する
□ **itinerary** 名 旅程
□ **publicize** 動 宣伝する
□ **grocery** 名 食料品

訳

問題56〜60は次の予定表、Eメール、オンラインコメントに関するものです。

Galene Cruises—6月11日午後の活動

活動、時間、場所	説明
Galene Book Club 1:00–3:00 Jacob's Lounge (Deck 9)	Galene Book Clubは、読書を楽しむ他の乗客と交流する機会を提供します。本日のカリブ文学に関するディスカッションは、船内図書室担当であるGloria Parksが主導いたします。
料理実演 2:00–4:00 Scuppers Café (Deck 7)	料理を習いましょう。当船の才能あふれるシェフが、珍しい料理の作り方を毎日実演しています。今日はNathan Harrisシェフがお気に入りの料理を作りますので、この料理の専門家の仕事振りを見に来てください。
バレーボールレッスン 3:00–5:00 Dolphin Courts (Deck 12)	フィットネスインストラクターのVivian Sotoが、あなたのサーブとスパイクの改善をお手伝いします。初心者の方もプロ並みの方も、バレーボールをするのが好きな人たちとコートで楽しみましょう。
歴史講義 3:30–5:00 Binnacle Theater (Deck 10)	ゲスト講師のMaurice Reidは、このクルーズの各停泊地に着く前に、講義をしてきました。今日、彼は明日のBarbadosへの訪問に間に合うようにこの魅力的な島について話します。

すぐに満席になるイベントもありますので、
できるだけ早くお申し込みください。

送信者：Shania Walsh
宛先：　Randal Pearson
日付：　6月11日

こんにちはRandal、

今日の午後のイベントの予定を調整しなければなりません。Harrisシェフは今晩のシーフード晩餐会の準備をしていますが、厨房が十分なロブスターを注文していなかったことが今わかりました。彼が厨房の在庫を調べメニューを変更するには、もう少し時間が必要です。要するに、料理の実演を行うことができない見込みです。

私があなたにしていただきたいのは、今日、彼の代わりをすることです。あなたのシフトは午後2時30分に終わるので、実演を30分遅らせるようにします。Harrisシェフは、ココナッツフィッシュカレーの作り方を来場者に見せる予定でした。すべての材料は事前に準備されます。なので、あなたはレシピの内容をよく確認し、良いショーをしてくれさえすれば結構です。

質問がありましたら、お電話ください。

Shania Walsh
イベントコーディネーター
Galene Cruises

Galene Cruises

お客様の声
このクルーズで過ごした時間は、なんて素晴らしいものだったでしょう。この船の設備、食事、船上活動はすべて私の期待を超えるものでした。乗組員1人1人のプロ意識と親しみやすさに感銘を受けました。また、訪ねた島々の歴史に関する講義シリーズから、私は多くのことを学びました。それらは素晴らしいものでした。そして、それらはとても人気があったので、より多くの人が楽しむことができるように、もっと広い場所で行うべきだと思います。幸運にも、私は6回すべてに参加することができ、停泊中の体験が豊かなものになりました。

言うまでもなく、私はこのクルーズを知人全員に薦めます。

—Maggie Jennings

次へ

56. 予定表によれば6月12日に何がありますか。

(A) 図書室が書籍のセールを行う。
(B) 船が Barbados に停泊する。
(C) 申込用紙が掲示される。
(D) トーナメントが催される。

57. Eメールの目的は何ですか。

(A) 旅程を依頼する
(B) いくつかの商品を注文する
(C) いくつかの変更を説明する
(D) フォーマルな食事を宣伝する

58. Nathan Harris シェフについて何が示されていますか。

(A) 彼のお気に入りの料理はココナッツフィッシュカレーである。
(B) 彼の実演は夕方である。
(C) 現在、新しい仕事を探している。
(D) 今日食料品を買いに行く。

59. Jennings さんが楽しんだ講義を行ったのは誰ですか。

(A) Gloria Parks
(B) Nathan Harris
(C) Vivian Soto
(D) Maurice Reid

60. Jennings さんは何を提案していますか。

(A) ある場所でより多くの時間を過ごす
(B) イベントの時間を変更する
(C) 別の場所で講演を行う
(D) 講義をオンラインで利用可能にする

Questions 61–65 refer to the following advertisement and e-mails. 13

Short-Term Apartment Rentals in Vancouver

rentals@villagepark.ca

Welcome to Village Park Suites, where you will find comfort and convenience in the central business district of Vancouver. With 98 units ranging from one-bedroom apartments to executive suites, we will meet your needs whether your stay is for business or leisure.

Executive suite:

Three bedrooms, king size beds, 135 square meters of floor space, located on the highest floors, with a stunning city view

$2,900
per month

Deluxe suite:

Two bedrooms, with king and queen size beds, 117 square meters of floor space, and a city view

$2,400
per month

Two-bedroom:

Our most popular room, with 89 square meters of floor space and all the required furnishings to make you feel at home

$1,800
per month

One-bedroom:

A simple apartment with 46 square meters of floor space and everything you need for a comfortable stay

$1,500
per month

All apartments are furnished and have a kitchen and bathroom with shower. Apartments from floors 8 to 26 have a balcony. Residents can rent a parking space in our underground parking lot.

E-Mail Message

From: Byron Tate
To: rentals@villagepark.ca
Subject: Inquiry
Date: November 15

In January, the company I work for will begin constructing an office building on Homer Street. I will stay in Vancouver to oversee the project and will require accommodations.

I would like to rent an apartment at Village Park Suites for eleven months. Our project will get started on January 18, so I hope to move in on January 15. A deluxe suite apartment would best suit my needs. If none are available, then one of your smaller apartments will be sufficient. In addition, please let me know if gas, water, and electricity are included in the rental fee.

Best regards,

Byron Tate
Construction Inspector
Muscolo Corporation

E-Mail Message

From: Jackie Martin [rentals@villagepark.ca]
To: Byron Tate [btate@muscolo.com]
Subject: Your inquiry
Date: November 16

Dear Mr. Tate,

Thank you for your interest in Village Park Suites. Our location is ideal for you in terms of convenience, as your company's building site is directly across the street. We regret to inform you, however, that your first choice of apartment will not be available during the period of your stay, as these units will be either occupied or undergoing renovation. None of our smallest apartments will be vacant at that time either.

We can arrange a two-bedroom apartment for you. From January 5, we will have one available on the tenth floor. Utilities are included in the rental price. If you would like us to reserve it for you, please inform us at your earliest convenience.

Thanks again, and we look forward to hearing from you.

Jackie Martin
Manager
Village Park Suites

61. What is NOT mentioned about Village Park Suites in the advertisement?

(A) It has a variety of room types.
(B) It has a shared laundry facility.
(C) Its apartments are furnished.
(D) Its parking lot is underground.

62. What does Mr. Tate request in his e-mail?

(A) Assistance with an application
(B) Directions to a business area
(C) Information about utilities
(D) Suggestions for interior design

63. What is the fee for the apartment Mr. Tate says he prefers?

(A) $2,900 per month
(B) $2,400 per month
(C) $1,800 per month
(D) $1,500 per month

64. What is indicated about the Muscolo Corporation?

(A) It will construct a building on Homer Street.
(B) It will renovate some apartments in Vancouver.
(C) Its headquarters will be relocated in January.
(D) Its construction schedule will be sent to Ms. Martin.

65. What is true about the apartment Ms. Martin offers?

(A) It comes with free parking.
(B) It is on the top floor.
(C) It was recently refurbished.
(D) It has a balcony.

61. 正解 (B)

(A) It has a variety of room types. (さまざまなタイプの部屋がある) は With 98 units ranging from one-bedroom apartments to executive suites (1ベッドルームの部屋からエグゼクティブスイートまで98物件を持つ) に、(C) Its apartments are furnished. (部屋は家具付きである) は All apartments are furnished (すべての部屋は家具付きで) に、(D) Its parking lot is underground. (駐車場は地下にある) は Residents can rent a parking space in our underground parking lot. (居住者は地下駐車場に駐車スペースを借りることができます) にそれぞれ対応している。(B) It has a shared laundry facility. (共用ランドリー施設がある) に関する記載はないので、(B) が正解。

laundry は「洗濯 (物)」という意味で、TOEIC では、主に賃貸物件やホテルの設備やサービスに関する説明で出ます。パート1では、washing machine (洗濯機) と laundry equipment (洗濯機器) の言い換えにも注意しましょう。

62. 正解 (C)

Mr. Tate が書いたEメールの第2段落に please let me know if gas, water, and electricity are included in the rental fee. (賃料にガス、水道、電気代が含まれているか教えてください) とあるので、(C) Information about utilities (公共料金に関する情報) が正解。

gas, water, and electricity（ガス・水道・電気）と utilities（公共料金）との言い換えは、本試験のパート7でも狙われます。しっかり頭に入れておきましょう。

63. 正解 (B)

Mr. TateのEメールの第2段落にA deluxe suite apartment would best suit my needs.（デラックススイートの部屋が私の希望に最も適しています）とあるので、彼が賃貸を希望しているのはデラックススイートであるとわかる。また、広告のデラックススイートの説明に月額2,400ドルとあるので、(B) が正解。

64. 正解 (A)

TateさんのEメールの最後にMuscolo Corporationとあるので、彼はこの会社で働いているとわかる。さらに同Eメールの第1段落にIn January, the company I work for will begin constructing an office building on Homer Street.（1月に、私が勤める会社は、Homer Streetでオフィスビルの建設を開始します）とあるので、(A) It will construct a building on Homer Street.（Homer Streetに建物を建設する）が正解。

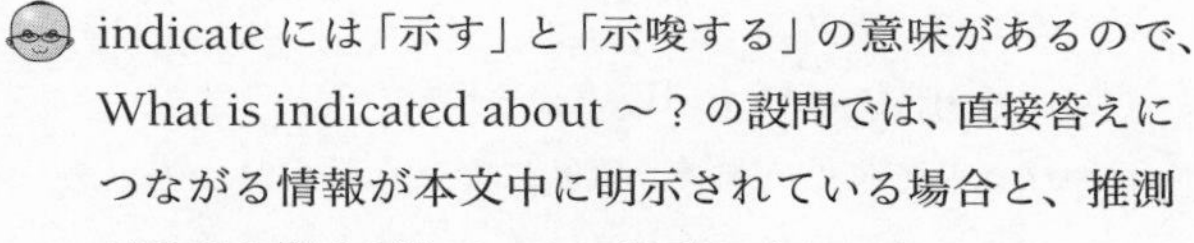

indicateには「示す」と「示唆する」の意味があるので、What is indicated about ～? の設問では、直接答えにつながる情報が本文中に明示されている場合と、推測が必要な場合があることに注意しましょう。

65. 正解 (D)

Ms. Martin はEメールでMr. Tate の希望するデラックススイートや他の小さめの部屋に空きがないことを説明し、第2段落で We can arrange a two-bedroom apartment for you. From January 5, we will have one available on the tenth floor. (2ベッドルームのお部屋でしたらお客様にお手配可能です。1月5日から、10階の1部屋が入居可能になります) と別の物件の提示をしている。また、広告に Apartments from floors 8 to 26 have a balcony. (8階から26階の部屋にはバルコニーがあります) とあるので、10階の部屋はバルコニー付きであることがわかる。よって、(D) It has a balcony. (バルコニーがある) が正解。

1つ目の文書に、Residents can rent a parking space (居住者は駐車スペースを借りることができる) とあり、rent は料金を払って借りるという意味なので、駐車場は有料です。また、最上階にあるのは executive suite で、改装に関する記述はありません。

語注

- □ **comfort** 名 快適さ
- □ **convenience** 名 利便性
- □ **district** 名 地区
- □ **ranging from A to B** AからBまで
- □ **suite** 名 スイート (一続きになった部屋)
- □ **square meter** 平方メートル

□ **stunning** 形 素晴らしい
□ **view** 名 眺め
□ **require** 動 求める
□ **furnishing** 名 備え付け家具
□ **feel at home** くつろいだ気持ちになる
□ **comfortable** 形 快適な
□ **furnished** 形 家具付きの
□ **resident** 名 住居者
□ **underground** 形 地下の
□ **parking lot** 駐車場
□ **inquiry** 名 問い合わせ
□ **construct** 動 建設する
□ **oversee** 動 監督する
□ **accommodation** 名 宿泊施設
□ **get started** 始める
□ **move in** 入居する
□ **suit** 動 適する
□ **sufficient** 形 十分な
□ **interest** 名 関心
□ **ideal** 形 理想的な
□ **in terms of ～** ～の点で
□ **site** 名 現場
□ **directly across the street** 通りの真向かい
□ **occupied** 形（部屋に）入居している
□ **undergo** 動 行う
□ **renovation** 名 改装

□ **vacant** 形 空いた

□ **arrange** 動 手配する

□ **utility** 名（複数形utilitiesで）（電気、ガス、水道などの）公共料金

□ **at one's earliest convenience** 出来るだけ早く、都合がつき次第

□ **shared** 形 共用の

□ **facility** 名 施設

□ **assistance** 名 手助け

□ **application** 名 申し込み

□ **direction** 名（複数形directionsで）道順

□ **renovate** 動 改装する

□ **relocate** 動 移転する

□ **offer** 動 提示する

□ **come with ～** ～が付いてくる

□ **refurbish** 動 改装する

訳

問題61～65は次の広告とEメールに関するものです。

Vancouverでの短期賃貸物件

rentals@villagepark.ca

Vancouverの中心ビジネス街にある快適で便利なVillage Park Suiteへようこそ。1ベッドルームの部屋からエグゼクティブスイートまで98物件を持つ当社は、滞在がビジネス目的であってもレジャー目的であっても、お客様のご要望にお応えします。

エグゼクティブスイート： 3ベッドルーム、キングサイズのベッド、床面積135m²、街の眺めが素晴らしい最上階フロア	月額 2,900ドル
デラックススイート： キングサイズベッドとクイーンサイズベッドを備えた2ベッドルーム、床面積117m²、街の眺望	月額 2,400ドル
2ベッドルーム：最も人気のある部屋、床面積89m²、くつろぎに必要な家具完備	月額 1,800ドル
1ベッドルーム：床面積46m²で快適な滞在に必要なものすべてを備えたシンプルな部屋	月額 1,500ドル

すべての部屋は家具付きで、キッチンとシャワー付きのバスルームがあります。8階から26階の部屋にはバルコニーがあります。居住者は地下駐車場に駐車スペースを借りることができます。

送信者：Byron Tate
宛先：　rentals@villagepark.ca
件名：　問い合わせ
日付：　11月15日

1月に、私が勤める会社は、Homer Streetでオフィスビルの建設を開始します。私はそのプロジェクトを監督するためにVancouverに滞在するので、宿泊施設が必要です。

Village Park Suitesの部屋を11ヶ月間借りたいと思います。プロジェクトは1月18日に始まるので、1月15日に入居したいと思います。デラックススイートの部屋が私の希望に最も適しています。もし空きがない場合は、小さい方の部屋のいずれかで十分です。また、賃料にガス、水道、電気代が含まれているか教えてください。

敬具

Byron Tate
建設検査官
Muscolo Corporation

送信者：Jackie Martin [rentals@villagepark.ca]
宛先： Byron Tate [btate@muscolo.com]
件名： お問い合わせの件
日付： 11月16日

Tate 様

Village Park Suites に関心をお寄せいただきありがとうございます。当方は、お客様の会社の建設現場の通りの真向かいにありますので、利便性の面で理想的です。残念ながら、お客様の第1希望の部屋は、ご滞在の期間、入居中あるいは改装中のためご利用いただけません。また、弊社の最も小さい部屋も空きがございません。

2ベッドルームのお部屋でしたらお客様にお手配可能です。1月5日から、10階の1部屋が入居可能になります。公共料金は賃料に含まれています。ご予約をご希望の場合は、お早めにお知らせください。

重ねて感謝いたします。そしてお客様からのご連絡をお待ちしております。

Jackie Martin
マネージャー
Village Park Suites

61. 広告でVillage Park Suitesについて述べられていないものは何ですか。

(A) さまざまなタイプの部屋がある。
(B) 共用ランドリー施設がある。
(C) 部屋は家具付きである。
(D) 駐車場は地下にある。

62. TateさんはEメールで何を頼んでいますか。

(A) 申し込みの手助け
(B) ビジネス地区への道順
(C) 公共料金に関する情報
(D) インテリアデザインへの提案

63. Tateさんが希望する部屋の家賃はいくらですか？

(A) 月額2,900ドル
(B) 月額2,400ドル
(C) 月額1,800ドル
(D) 月額1,500ドル

64. Muscolo Corporationについて何が示されていますか。

(A) Homer Streetに建物を建設する。
(B) Vancouverにある部屋を改装する。
(C) 1月に本社が移転される。
(D) 建設スケジュールがMartinさんに送られる。

65. Martinさんが提示している部屋について正しいのはどれですか。

(A) 無料駐車場が付いている。
(B) 最上階にある。
(C) 最近改装された。
(D) バルコニーがある。

Questions 66–70 refer to the following letter, catalog, and memo. 14

Kimberly Waters
Forethought Insurance
3060 Fulton Street
Waupaca, WI 54981

Hennepins Office Supplies
8101 LaSalle Avenue
Minneapolis, MN 55403, USA
hennepinsofficesupplies.com
555-9249

Dear Ms. Waters,

We are very sorry that the product you recently ordered from us is not working properly. We take pride in our customer service and would be happy to send you a replacement. However, we are currently out of stock of the item you ordered.

Included with this letter is our catalog. Products of approximately equal value to the one you purchased are listed on page 47. If any of those are to your liking, we can send it to you free of charge.

Also enclosed you will find packing materials and a prepaid label addressed to us. Please return the item to us so that we can check what is wrong with it.

Once again, we apologize for the inconvenience. Thank you very much for your business.

Sincerely,

Vincent Herrera

Vincent Herrera
Customer Service
Hennepins Office Supplies

Hennepins Office Supplies—Break Rooms

Beanmaster 8 (code: 8424)
$129.99
Capacity: 12 cups
Material: Plastic and aluminum
Special feature: Brews coffee at three strengths

Brewtech HCG (code: 2873)
$134.99
Capacity: 8 cups
Material: Aluminum
Special feature: Makes cold brewed coffee

Velocity PQ-35 (code: 8394)
$114.49
Capacity: 14 cups
Material: Plastic
Special feature: Brews fast and is easy to use

Titanor 34-C (code: 5777)
$126.59
Capacity: 10 cups
Material: Stainless steel
Special feature: Makes both coffee and espresso

From: Kimberly Waters
To: All Staff
Date: April 18

This is to update everyone about the coffeemaker situation. Last week, we were unable to set the display language on the touch panel to English, so I sent the machine back to Hennepins, and they determined that it was faulty. They were happy to exchange the coffeemaker for a different one, which we received yesterday. I'm sure you will be pleased with it, as it makes not only regular coffee but also espresso.

This morning, I set up the coffeemaker in the break room. It may be a bit hard to use at first, but I'm sure you will get the hang of it. Also, make sure to refer to the instruction manual, which will be kept in the bottom drawer beside the sink.

Kimberly Waters
Office Manager
Forethought Insurance

66. Why does Mr. Herrera apologize in his letter?

(A) A customer was overcharged.
(B) An appliance is defective.
(C) Some packaging was damaged.
(D) A shipping address is incorrect.

67. What is NOT mentioned as being included with the letter?

(A) A mailing label
(B) A catalog
(C) Some coupons
(D) Packaging

68. What problem does Ms. Waters mention?

(A) A setting did not work.
(B) A store is sold out of a coffeemaker.
(C) A manual has not arrived yet.
(D) A warranty did not cover a service.

69. What does Ms. Waters indicate about the instruction manual?

(A) It is available online.
(B) It is difficult to understand.
(C) It will be stored in the break room.
(D) It is in her desk drawer.

70. Which coffeemaker did Forethought Insurance receive?

(A) Beanmaster 8
(B) Brewtech HCG
(C) Velocity PQ-35
(D) Titanor 34-C

66. 正解 (B)

手紙の冒頭にWe are very sorry that the product you recently ordered from us is not working properly.（この度は弊社よりご注文いただいた製品が正常に機能しないとのこと、深くお詫び申し上げます）とあり、交換品を選ぶために同封されたカタログから、この製品がコーヒーメーカーであることがわかる。よって、(B) An appliance is defective.（電化製品に欠陥があった）が正解。

第1－第2文書間のクロス問題ですが、最初の手紙で製品不良が問題であることは明らかなので、消去法でも解けます。coffeemakerのような具体的な製品とappliance（電化製品）の言い換えは本試験でも定番なので頭に入れておきましょう。

67. 正解 (C)

手紙の第2段落のIncluded with this letter is our catalog.（この手紙には弊社のカタログが同封されています）と第3段落のAlso enclosed you will find packing materials and a prepaid label addressed to us.（また、梱包資材と当社宛の前払い返信ラベルも同封しています）から、(A) A mailing label（郵送ラベル）、(B) A catalog（カタログ）、(D) Packaging（梱包材）が同封されていることがわかる。(C) Some coupons（クーポン）に関する記述はないので、これが正解。

Included in/with ～ is X.（～にはXが入っています）や、

Enclosed is X. / Enclosed you will find X. / Enclosed please find X.（同封されているのはXです）といった倒置は、パート5でも使われます。しっかり覚えておきましょう。

68. 正解 (A)

Ms. Watersが書いた連絡メモの第1段落にLast week, we were unable to set the display language on the touch panel to English（先週、タッチパネルの表示言語を英語に設定できなかった）とあるので、(A) A setting did not work.（ある設定が機能しなかった）が正解。

謎なのは、表示が英語にできなかったということは、元々何語だったのか、ということですね。米国のメーカーだからスペイン語でしょうか。問題とは関係のないことですが、気になります。

69. 正解 (C)

Ms. Watersは、連絡メモの第2段落で、休憩室にコーヒーメーカーを設置したことを伝えた後、Also, make sure to refer to the instruction manual, which will be kept in the bottom drawer beside the sink.（また、取扱説明書も必ずご覧ください。シンクの横の一番下の引き出しに保管する予定です）と述べている。よって、取扱説明書は休憩室のシンクの横の引き出しにあることになるので、(C) It will be stored in the break room.（休憩室に保管される）が正解。

取扱説明書は、Watersさんの机の引き出しに入っているわけではないので、(D)を選んではいけません。break room（休憩室）は、リスニングの会話の場所としてもときどき出ます。

70. 正解 (D)

連絡メモの第1段落のI'm sure you will be pleased with it, as it makes not only regular coffee but also espresso.（通常のコーヒーだけでなく、エスプレッソも作れるので、きっと皆さんにも喜んでもらえるはずです）から、受け取った製品はコーヒーとエスプレッソの両方を抽出できるものであるとわかる。カタログを見ると、Titanor 34-Cだけエスプレッソも抽出できるので、(D)が正解。

TOEICでは、コーヒーや紅茶、ジュースといったソフトドリンクは話題に出ますが、「仕事の後のビールはうまいなあ」といったようなお酒の話題は出ません。酒やタバコが存在しない世界です。

語注

- □ **insurance** 名 保険
- □ **properly** 副 正常に
- □ **take pride in ～** ～に誇りを持つ
- □ **replacement** 名 交換品
- □ **out of stock of ～** ～の在庫を切らす
- □ **included is/are ～** ～が同封されている
- □ **approximately** 副 ほぼ
- □ **liking** 名 好み
- □ **free of charge** 無料で
- □ **enclosed you will find ～** ～が同封されている
- □ **packing** 名 梱包
- □ **material** 名 資材
- □ **prepaid** 形 前払いの
- □ **apologize** 動 詫びる
- □ **inconvenience** 名 不便
- □ **capacity** 名 容量、収容力
- □ **feature** 名 機能
- □ **brew** 動 (コーヒーを) 抽出する
- □ **strength** 名 濃度、強さ
- □ **cold brewed** 水出しの
- □ **update** 動 最新情報を届ける
- □ **situation** 名 状況
- □ **determine** 動 判断する
- □ **faulty** 形 欠陥のある
- □ **exchange** 動 交換する

□ **get the hang of ～**　～に慣れる、～をつかむ

□ **refer to ～**　～を参照する

□ **drawer**　名 引き出し

□ **overcharge**　動 過剰請求する

□ **appliance**　名 電化製品

□ **defective**　形 欠陥のある

□ **incorrect**　形 間違った

□ **warranty**　名 保証

□ **cover**　動（保証などの）対象とする

□ **service**　名 修理

□ **store**　動 保管する

訳

問題66～70は次の手紙、カタログ、連絡メモに関するものです。

Hennepins Office Supplies
8101 LaSalle Avenue
Minneapolis, MN 55403, USA
hennenpinsofficesupplies.com
555-9249

Kimberly Waters
Forethought Insurance
3060 Fulton Street
Waupaca, WI 54981

Waters 様

この度は弊社よりご注文いただいた製品が正常に機能しないとのこと、深くお詫び申し上げます。弊社はカスタマーサービスに誇りを持っており、本来であれば謹んで交換品をお送りさせていただくところですが、現在、お客様にご注文いただいた品物の在庫を切らしております。

この手紙には弊社のカタログが同封されています。ご購入されたものとほぼ同じ価格帯の商品が47ページに掲載されています。それらのうちお好みのものがありましたら、無料でお送りいたします。

また、梱包資材と当社宛の前払い返信ラベルも同封しています。何が問題なのかを弊社が確認できるように、品物をご返送ください。

再度、ご不便をおかけしたことにお詫び申し上げます。ご愛顧いただきまして誠にありがとうございます。

敬具

Vincent Herrera
カスタマーサービス
Hennepins Office Supplies

Hennepins Office Supplies——休憩室

Beanmaster 8（コード：8424）
129.99ドル
容量：12カップ
材質：プラスチック、アルミ
特徴的機能：3段階の濃度でコーヒーを抽出

Brewtech HCG（コード：2873）
134.99ドル
容量：8カップ
材質：アルミ
特徴的機能：水出しコーヒーも抽出可

Velocity PQ-35（コード：8394）
114.49ドル
容量：14カップ
材質：プラスチック
特徴的機能：高速で抽出でき、使い方が簡単

Titanor 34-C（コード：5777）
126.59ドル
容量：10カップ
材質：ステンレス
特徴的機能：コーヒーにもエスプレッソにも対応

47

送信者：Kimberly Waters
宛先：　全スタッフ
日付：　4月18日

皆さんにコーヒーメーカー関連の最新情報をお知らせします。先週、タッチパネルの表示言語を英語に設定できなかったので、Hennepinsに返送したところ、故障と判断されました。そして快くコーヒーメーカーを別のものに交換してくれ、昨日それが届きました。通常のコーヒーだけでなく、エスプレッソも作れるので、きっと皆さんにも喜んでもらえるはずです。

今朝、休憩室にそのコーヒーメーカーを設置しました。最初は少し使いにくいかもしれませんが、すぐに慣れると思います。また、取扱説明書も必ずご覧ください。シンクの横の一番下の引き出しに保管する予定です。

Kimberly Waters
オフィスマネージャー
Forethought Insurance

66. Herreraさんはなぜ手紙で謝罪しているのですか。

(A) 顧客が過剰請求された。
(B) 電化製品に欠陥があった。
(C) 梱包が破損していた。
(D) 届け先の住所が間違っている。

67. 手紙に同封されているものとして述べられていないのは何ですか。

(A) 郵送ラベル
(B) カタログ
(C) クーポン
(D) 梱包材

68. Watersさんの述べている問題は何ですか。

(A) ある設定が機能しなかった。
(B) 店でコーヒーメーカーが売り切れた。
(C) 説明書がまだ届いていない。
(D) 保証は修理を対象としていなかった。

69. Watersさんは取扱説明書について何を示していますか。

(A) オンラインで入手できる。
(B) 理解するのが難しい。
(C) 休憩室に保管される。
(D) 彼女の机の引き出しの中にある。

70. Forethought Insuranceが受け取ったコーヒーメーカーはどれですか。

(A) Beanmaster 8
(B) Brewtech HCG
(C) Velocity PQ-35
(D) Titanor 34-C

Questions 71–75 refer to the following Web page, e-mail, and list. 15

HOME	SCHEDULE	REGISTER	CONTACT US

Wichita Business Festival (May 27 Seminars)

Competitive Recruiting (Speaker: Cindy White)
1:00–3:00 P.M. in Blackberry Hall
With so much competition in recruiting, businesses have to make their workplaces as appealing as possible. This talk explores ways to do that and become more competitive in your hiring.

Finding Funding (Speaker: Ralph Wilkins)
1:00–4:00 P.M. in Persimmon Hall
Precisely two years to the date that he launched his farm-to-home delivery service, Ralph Wilkins will discuss how start-ups like his can raise capital to develop their own businesses.

The Art of Networking (Speaker: Alfred Lewis)
2:00–4:30 P.M. in Juniper Hall
Networking provides a wealth of opportunities to make new connections, build relationships, and promote your organization. Come to this seminar for tips on how to network effectively.

Search Engine Optimization (Speaker: Eileen Kessler)
2:00–5:00 P.M. in Wintergreen Hall
In this seminar, participants will learn how to maximize the number of visitors to a Web site and also how to ensure that their site appears high on the list of search engine rankings.

E-Mail Message

From:	Sidney Williams
To:	Eileen Kessler
Subject:	Scheduling
Date:	May 18

Dear Ms. Kessler,

I am writing to inform you that your talk during the Wichita Business Festival will not be held in Wintergreen Hall, as originally scheduled. We are now expecting a large audience to turn out for your seminar, so you are going to need a bigger room. Since Alfred Lewis's seminar starts at the same time in a larger hall, we have switched the venues for the two of you.

On a side note, you mentioned that your colleague has a question about festival registration. Please tell her to either e-mail register@wbf.org or call 555-0167 with the question, and the person responsible for that section should be able to provide any relevant information.

We look forward to seeing you at the festival.

Sidney Williams
Wichita Business Festival

List of Contacts

For inquiries related to the Wichita Business Festival, please contact the relevant department at the address or number below.

Media . . . . Tamara Bennet
(press@wbf.org, phone: 555-0169)

Advertising . . . . Bill Moorman
(advertising@wbf.org, phone: 555-0173)

Registration . . . Jason Meade
(register@wbf.org, phone: 555-0167)

Volunteering . . . Linda Patterson
(volunteers@wbf.org, phone: 555-0198)

Scheduling . . . . . Sidney Williams
(schedule@wbf.org, phone: 555-0171)

71. According to the Web page, why do businesses have to make their workplaces appealing?

(A) To impress business associates
(B) To encourage investment in the company
(C) To motivate employees to work harder
(D) To facilitate recruiting efforts

72. What is indicated about Mr. Wilkins?

(A) He wants to buy a delivery truck.
(B) He established a business two years ago.
(C) He organizes fundraising events.
(D) He has written a number of books.

73. Where most likely will Ms. Kessler deliver a seminar?

(A) In Blackberry Hall
(B) In Persimmon Hall
(C) In Juniper Hall
(D) In Wintergreen Hall

74. In the e-mail, the phrase “turn out” in paragraph 1, line 4, is closest in meaning to

(A) assemble
(B) expel
(C) produce
(D) happen

75. Whose contact information does Mr. Williams provide to Ms. Kessler?

(A) Tamara Bennet
(B) Bill Moorman
(C) Jason Meade
(D) Linda Patterson

71. 正解 (D)

ウェブページのCompetitive Recruitingの説明欄にWith so much competition in recruiting, businesses have to make their workplaces as appealing as possible.(採用活動における競争が激化する中、企業は職場を可能な限り魅力的にする必要があります)とあるので、(D) To facilitate recruiting efforts(採用活動の取り組みを円滑に進めるため)が正解。

正解の根拠となるWith so much competition in recruitingの前置詞withは、「つながり」が基本イメージです。ここでも、「採用活動における競争の激化」という理由と、「企業は職場を可能な限り魅力的にする必要がある」という取るべき行動との「つながり」を示しています。

72. 正解 (B)

ウェブページ上のセミナー紹介中、Finding Fundingの担当講師として、Ralph Wilkinsの名前がある。同セミナーの説明にPrecisely two years to the date that he launched his farm-to-home delivery service(ちょうど2年前に農場直送宅配サービスを立ち上げた)とあるので、(B) He established a business two years ago.(2年前に会社を設立した)が正解。

正解の根拠となる本文中のthe date(その日)は、イベントが開かれる5月27日を指しています。that 以下が、the date を説明し、「彼が農場直送宅配サービスを立ち上げたその日（5月27日）でちょうど2年」という意味を表しています。

73. 正解 (C)

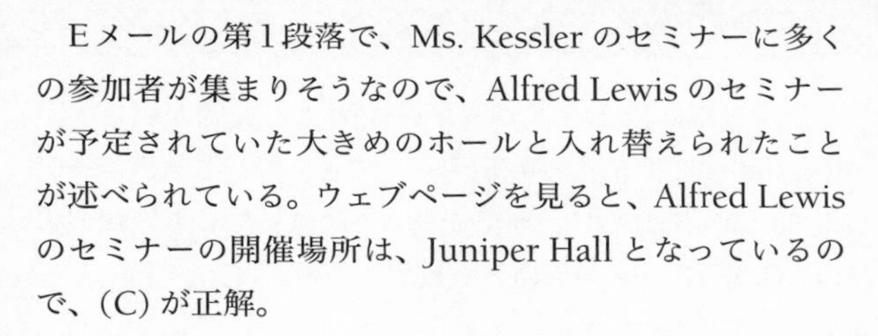

Eメールの第1段落で、Ms. Kessler のセミナーに多くの参加者が集まりそうなので、Alfred Lewis のセミナーが予定されていた大きめのホールと入れ替えられたことが述べられている。ウェブページを見ると、Alfred Lewis のセミナーの開催場所は、Juniper Hall となっているので、(C) が正解。

第1－第2文書間のクロス問題です。「あなたの講演は Juniper Hall です」とはっきり書くとクロス問題にならないので、「Alfred Lewis のセミナーが予定されていた大きめのホール」のような「ふわっとした情報」がクロス問題のヒントとしてよく用いられます。

74. 正解 (A)

Eメールの第1段落・4行目で turn out は、We are now expecting a large audience to turn out for your seminar（現在、あなたのセミナーに多くの参加者が集まることが予想され）のように使われている。よって、意味が最も近いものは、(A) assemble（集まる）。assemble は「組み立てる」の他に

「(人が) 集まる」の意味がある。

turn out は、The rumor turned out to be true. (その噂は本当だと判明した) のように「～だと判明する」の意味でも出ます。名詞の turnout (参加者数、来場者数) も重要語です。合わせて覚えておきましょう。

75. 正解 (C)

Eメールの第2段落で、登録に関する質問がある Ms. Kessler の同僚のためにEメールアドレスと電話番号を伝えている。それらは、連絡先リストに載っている登録担当の Jason Meade のものと一致するので、(C) が正解。

第2－第3文書間のクロス問題です。ここでは、「register@wbf.org」というメールアドレスと「555-0167」という電話番号が、2つの文書上の共通語です。こうした複数の文書上の共通語は、クロス問題を解くキーワードになります。

語注

□ **competitive** 形 競争力の高い、他に負けない
□ **recruiting** 名 採用活動
□ **competition** 名 競争
□ **appealing** 形 魅力的な
□ **explore** 動 探る、探求する
□ **hiring** 名 採用、雇用
□ **funding** 名 資金調達
□ **precisely** 副 ちょうど、まさに
□ **launch** 動 立ち上げる
□ **start-up** 名 スタートアップ企業
□ **capital** 名 資金
□ **art** 名 技術、技
□ **organization** 名 組織、会社
□ **wealth of ～** 多数の～
□ **effectively** 副 効果的に
□ **optimization** 名 最適化
□ **maximize** 動 最大にする
□ **ensure** 動 確実にする
□ **originally** 副 当初
□ **expect** 動 予想する
□ **turn out** 集まる
□ **switch** 動 入れ替える
□ **venue** 名 会場
□ **on a side note** ちなみに、ついでに言うと
□ **colleague** 名 同僚

□ **registration** 名 登録
□ **relevant** 形 関連のある
□ **inquiry** 名 問い合わせ
□ **related** 形 関連のある
□ **impress** 動 良い印象を与える
□ **associate** 名 関係者
□ **encourage** 動 促す
□ **investment** 名 投資
□ **motivate** 動 やる気を出させる
□ **facilitate** 動 円滑に進める
□ **effort** 名 取り組み
□ **establish** 動 設立する
□ **organize** 動（イベントなどを）企画する
□ **fundraising** 形 資金集めの

訳

問題71～75は次のウェブページ、Eメール、リストに関するものです。

ホーム　　スケジュール　　登録　　連絡先

Wichita Business Festival（5月27日セミナー）

人材獲得競争（講師：Cindy White）
午後1時－3時、Blackberry Hall にて
採用活動における競争が激化する中、企業は職場を可能な限り魅力的にする必要があります。この講演では、それを行い採用における競争力を高める方法を探ります。

事業資金の調達（講師：Ralph Wilkins）
午後1時－4時、Persimmon Hall にて
ちょうど2年前に農場直送宅配サービスを立ち上げた Ralph Wilkins が、そのようなスタートアップ企業が自分たちの事業を発展させるためにいかに資本を調達するかについて話します。

ネットワーキング術（講師：Alfred Lewis）
午後2時－4時30分、Juniper Hall にて
ネットワーキングは、新しいつながりを作り、関係を構築し、そしてあなたの会社を宣伝する多くの機会を提供します。効果的にネットワークを築くためのヒントとなるこのセミナーへお越しください。

検索エンジンの最適化（講師：Eileen Kessler）
午後2時－5時、Wintergreen Hall にて
このセミナーで参加者は、ウェブサイトの訪問者数を最大限に上げる方法に加え、サイトが確実に検索エンジンのランキングリストの上位に表示される方法を学びます。

送信者：Sidney Williams
宛先：　Eileen Kessler
件名：　スケジュール
日付：　5月18日

Kessler 様

あなたの Wichita Business Festival での講演は、当初予定されていた Wintergreen Hall では行われないことをお知らせします。現在、あなたのセミナーに多くの参加者が集まることが予想され、より大きな部屋が必要になります。Alfred Lewis のセミナーが大きめのホールで同じ時間帯に入っていたので、お二人の会場を入れ替えました。

ちなみに、同僚の方がフェスティバルの登録について質問があるということですが、その方にEメール register@wbf.org または電話 555-0167 でお尋ねになるようお伝えください。その部門の責任者が関連情報をご提供できるはずです。

フェスティバルでお会いできるのを楽しみにしています。

Sidney Williams
Wichita Business Festival

連絡先リスト

Wichita Business Festival に関するお問い合わせは、下記のアドレスまたは電話番号の該当部署までご連絡ください。

メディア . . . . Tamara Bennet
(press@wbf.org, 電話 : 555-0169)

広告 . . . . Bill Moorman
(advertising@wbf.org, 電話 : 555-0173)

登録 . . . . Jason Meade
(register@wbf.org, 電話 : 555-0167)

ボランティア . . . . . Linda Patterson
(volunteers@wbf.org, 電話 : 555-0198)

スケジュール . . . . . Sidney Williams
(schedule@wbf.org, 電話 : 555-0171)

71. ウェブページによると、企業はなぜ職場を魅力的にしなければなりませんか。

(A) 仕事上の関係者に良い印象を与えるため
(B) 会社への投資を促すため
(C) 従業員の一生懸命働こうという意欲を引き出すため
(D) 採用活動の取り組みを円滑に進めるため

72. Wilkinsさんについて何が示されていますか。

(A) 配達用トラックを購入したい。
(B) 2年前に会社を設立した。
(C) 資金集めのイベントを企画する。
(D) 多数の本を書いた。

73. Kesslerさんはおそらくどこでセミナーを行いますか。

(A) Blackberry Hallで
(B) Persimmon Hallで
(C) Juniper Hallで
(D) Wintergreen Hallで

74. Eメールの第1段落・4行目のturn outに最も意味が近いのは

(A) 集まる
(B) 追放する
(C) 生産する
(D) 起こる

75. WilliamsさんはKesslerさんに誰の連絡先情報を提供しますか。

(A) Tamara Bennet
(B) Bill Moorman
(C) Jason Meade
(D) Linda Patterson

Questions 76–80 refer to the following advertisement, online shopping cart, and e-mail.

16

Block Out the Noise . . .

PLUTO'S AUDIO

From musicians in the studio to runners and business travelers, everyone needs a set of headphones or earphones that suits their individual needs.

At Pluto's Audio, you will find the best deals on all sorts of high-quality audio products. And throughout November, all of our headphones, speakers, and cables will be on sale. Don't settle for anything less than a superior listening experience, and grab what you want before this sale ends!

3833 Quay Street, Auckland, New Zealand
555-0196 www.plutosaudio.com

PLUTO'S AUDIO

Customer: Wesley Wright

Customer address: 13 Gladstone Road, 4010,
Gisborne, New Zealand

Date of Order: 6 November

Item	Code	Quantity	Unit Price	Total
Bovin 688 In-Wall Speaker	C-6855	2	$189.00	$378.00
Henderson 8-12 Deluxe Turntable	C-2752	1	$299.00	$299.00
Arkcat Turntable Cable (8-meter)	C-2241	1	$36.95	$36.95
Cozy-Noise 55 Wireless Headphones	C-8963	1	$68.95	$68.95
			Total	$782.90

All orders are generally delivered to locations in New Zealand within three to ten business days of purchase.

From: help@plutosaudio.com
To: Wesley Wright
Date: 18 November
Subject: Pluto's Audio Order

Dear Mr. Wright,

Thank you for your message dated 17 November. We are sorry to hear that you have not yet received one of the items you ordered through our Web site on 6 November.

Since deliveries to locations in New Zealand rarely take more than ten business days, we were concerned that your cable may have been lost in the mail. However, after tracking the item, we discovered that it had been held up at our warehouse but is now on its way to your address. It should arrive by tomorrow, but if you do not receive it by then, please call us at 555-0196.

Again, we apologize for the delay.

Helen Schultz
Customer Service Department
Pluto's Audio

76. What is stated in the advertisement?

(A) Customers can win a pair of earphones.
(B) Customers can try out products at a store.
(C) A sale will take place in November.
(D) A renowned musician owns the business.

77. On which product brand did Mr. Wright probably NOT receive a discount?

(A) Bovin
(B) Henderson
(C) Arkcat
(D) Cozy-Noise

78. What is indicated in the online shopping cart?

(A) Customers usually receive orders within ten business days.
(B) Mr. Wright ordered two different turntables on November 6.
(C) Mr. Wright can have her orders delivered quickly with an additional fee.
(D) Pluto's Audio does not have a particular brand of speaker in stock.

79. According to the e-mail, what did Pluto's Audio do?

(A) It waived a shipping and handling fee.
(B) It placed an advertisement in a newspaper.
(C) It dispatched an employee to Mr. Wright's home.
(D) It determined the location of an item.

80. What is the product code for the item Mr. Wright has yet to receive?

(A) C-6855
(B) C-2752
(C) C-2241
(D) C-8963

76. 正解 (C)

広告の第2段落に And throughout November, all of our headphones, speakers, and cables will be on sale.(11月中はさらに、すべてのヘッドフォン、スピーカー、ケーブルがセール価格になります) とあるので、(C) A sale will take place in November.(11月にセールが行われる) が正解。

正解の根拠となる本文中の前置詞 throughout は、「期間中ずっと」の意味に加えて、throughout Europe(ヨーロッパ中で) や throughout the region(地域全体で) のように、「〜の至る所で」の意味でも使われます。

77. 正解 (B)

広告の第2段落の And throughout November, all of our headphones, speakers, and cables will be on sale.(9月中はさらに、すべてのヘッドフォン、スピーカー、ケーブルがセール価格になります) から、セール対象商品がヘッドフォン、スピーカーとケーブルであるとわかる。オンラインショッピングカートを見ると、Mr. Wright が購入した商品の中でセール対象商品でないのは、Henderson 8-12 Deluxe Turntable なので、(B) Henderson が正解。

78. 正解 (A)

オンラインショッピングカートの終わりにAll orders are generally delivered to locations in New Zealand within three to ten business days of purchase.（すべての注文品は通常、ご購入から3～10営業日以内にニュージーランド国内の宛先にお届けいたします）とあるので、(A) Customers usually receive orders within ten business days.（顧客は、通常10営業日以内に注文品を受け取る）が正解。

前置詞withinの基本イメージは「範囲内」です。「期間内」を表すほか、within the company（社内で）、within the industry（業界内で）、within walking distance（徒歩圏内で）といった形でもTOEICに出ます。

79. 正解 (D)

Eメールの第2段落にHowever, after tracking the item, we discovered that it had been held up at our warehouse but is now on its way to your address.（しかし、商品を追跡したところ、弊社倉庫で止まっておりましたが、現在はお客様のご住所に配送中であることがわかりました）とあるので、(D) It determined the location of an item.（商品の場所を特定した）が正解。

TOEICでは、遅延や誤配がよく発生します。こうした問題が発生した場合、「問題点」「原因」「対策」が主な出題ポイントになります。それぞれを頭に入れた上で文書を読み進めましょう。

80. 正解 (C)

Eメールの第2段落に we were concerned that your cable may have been lost in the mail. (ケーブルは郵送中に紛失したのではないかと懸念しておりました) とあるので、Mr. Wright がまだ受け取っていない商品はケーブルであることがわかる。オンラインショッピングカートを見ると、ケーブルは Arkcat Turntable Cable (8-meter) で、その製品コードは C-2241 になっているので、(C) が正解。

第2−第3文書間のクロス問題です。ここでは、「cable」が共通キーワードです。「複数の文書上の共通語はクロス問題を解くヒント」なので、意識しながら読み進めましょう。

語注

□ **block out** 遮断する
□ **suit** 動 合う
□ **individual** 形 個々の
□ **best deal** 最高の取引＝どこよりも安い価格
□ **settle for ～** ～で妥協する
□ **superior** 形 優れた
□ **grab** 動 手に入れる
□ **quantity** 名 数量
□ **generally** 副 通常
□ **deliver** 動 配達する

- □ **dated** 形 ～日付の
- □ **delivery** 名 配達
- □ **rarely** 副 ほとんど～ない、極めて稀
- □ **be concerned** 懸念している
- □ **track** 動 追跡する
- □ **discover** 動 わかる、発見する
- □ **hold up** 止める
- □ **warehouse** 名 倉庫
- □ **apologize** 動 詫びる、謝る
- □ **win** 動（賞品として）獲得する、得る
- □ **try out** 試す
- □ **take place** 行われる、催される
- □ **renowned** 形 有名な
- □ **own** 動 所有する
- □ **additional** 形 追加の
- □ **fee** 名 料金
- □ **particular** 形 特定の
- □ **have ～ in stock** ～の在庫がある
- □ **waive** 動 免除する
- □ **handling fee** 手数料
- □ **place an advertisement** 広告を出す
- □ **dispatch** 動 派遣する
- □ **determine** 動 特定する

訳

問題76～80は次の広告、オンラインショッピングカート、Eメールに関するものです。

ノイズを遮断 . . .
PLUTO'S AUDIO

スタジオのミュージシャンからランナーやビジネス旅行者まで、誰もが個々のニーズに合ったヘッドフォンまたはイヤホンを必要としています。

Pluto's Audio では、あらゆる種類の高品質のオーディオ製品をどこよりも安くお求めいただけます。11月中はさらに、すべてのヘッドフォン、スピーカー、ケーブルがセール価格になります。満足できない音響体験で妥協しないで、セール終了前にお望みのものを手に入れましょう。

3833 Quay Street, Auckland, New Zealand
555-0196 www.plutosaudio.com

PLUTO'S AUDIO

お客様名： Wesley Wright
お客様住所：13 Gladstone Road, 4010, Gisborne, New Zealand
ご注文日：11月6日

商品	コード	数量	単価	合計
Bovin 688 In-Wall Speaker	C-6855	2	189.00ドル	378.00ドル
Henderson 8-12 Deluxe Turntable	C-2752	1	299.00ドル	299.00ドル
Arkcat Turntable Cable (8-meter)	C-2241	1	36.95ドル	36.95ドル
Cozy-Noise 55 Wireless Headphones	C-8963	1	68.95ドル	68.95ドル
			合計	782.90ドル

すべての注文品は通常、ご購入から3～10営業日以内にニュージーランド国内の宛先にお届けいたします。

送信者：help@plutosaudio.com
宛先：　Wesley Wright
日付：　11月18日
件名：　Pluto's Audio のご注文品

Wright 様

11月17日付のメッセージをありがとうございます。11月6日に弊社ウェブサイトよりご注文いただいた商品のうち1点がまだお手元に届いていないとのこと、お詫び申し上げます。

ニュージーランド国内の宛先への配達が10営業日以上かかることは極めて稀ですので、ケーブルは郵送中に紛失したのではないかと懸念しておりました。しかし、商品を追跡したところ、弊社倉庫で止まっておりましたが、現在はお客様のご住所に配送中であることがわかりました。明日には届くはずですが、それまでに届かない場合は、555-0196までお電話ください。

繰り返し、配達の遅延に対してお詫び申し上げます。

Helen Schultz
カスタマーサービス部
Pluto's Audio

76. 広告で何が述べられていますか。

(A) 顧客は、イヤホンを獲得することができる。
(B) 顧客は、店で製品を試すことができる。
(C) 11月にセールが行われる。
(D) 有名なミュージシャンがその会社を所有している。

77. Wrightさんは、おそらくどの製品ブランドに対して割引を受けなかったでしょうか。

(A) Bovin
(B) Henderson
(C) Arkcat
(D) Cozy-Noise

78. オンラインショッピングカートでは何が示されていますか。

(A) 顧客は、通常10営業日以内に注文品を受け取る。
(B) Wrightさんは、11月6日に2つの異なるターンテーブルを注文した。
(C) Wrightさんは、追加料金で注文を早く受け取ることができる。
(D) Pluto's Audioは、あるブランドのスピーカーの在庫がない。

79. Eメールによると、Pluto's Audioは何をしましたか。

(A) 送料と手数料を免除した。
(B) 新聞に広告を出した。
(C) 従業員をWrightさんの家へ派遣した。
(D) 商品の場所を特定した。

80. Wrightさんがまだ受け取っていない商品の製品コードは何ですか。

(A) C-6855
(B) C-2752
(C) C-2241
(D) C-8963

Questions 81–85 refer to the following brochure, e-mail, and notice.  17

Orillia National Park Water Trails

Explore Orillia National Park by canoe or kayak. The park's two rivers and big lake offer adventurous routes through beautiful scenery. While visitors are of course welcome to create their own courses, the park's tourism office recommends the following trails.

Trail A

Lake Kearney: Wallaba Beach to Mosshaven Harbor (14 kilometers)

This pleasant trail along the southern coastline of Lake Kearney is ideal for paddlers of any skill level. With dozens of beaches along the way, there are plenty of picnic spots to choose from.

Trail B

Lake Kearney: Timber Creek Bridge to Snapper Island (22 kilometers)

Launch your boat from the side of the bridge and paddle all the way to Lake Kearney. Make sure to explore Snapper Island, famous for its many species of birds and beautiful rock formations.

Trail C

Pishon River: Waterdeep Port to Ishmael Bay (19 kilometers)

From the port to the bay, enjoy breathtaking scenery as the river winds through open fields and dense forest. This course may become shallow in areas, so remember to check conditions before setting off.

Trail D

Rupert River: Callaway Port to the Town of Hudson (25 kilometers)

This course is for experienced paddlers. Take in incredible views of rocky cliffs and the historic Town of Hudson. Since the river is shallow at times, make sure to check conditions before you start paddling.

E-Mail Message

To: Beavers Kayak Club

From: Jesse Morris

Re: Kayak Trip

Date: August 11

Hello All,

According to the *News 9* forecast, tomorrow's weather is going to be perfect for our kayak trip in Orillia National Park. The weather reporter also brought up how little rain has fallen this season, which is why I checked the park's Web site to see if the dry conditions have affected their trails. A statement on the site reads that all their trails are open, but water levels in the park are below average for summer.

If a trail cannot be completed for any reason, the park will put up a notice at their entrance. So, as soon as we get there tomorrow, we'll know if we have to choose a different trail. But let's meet up at Waterdeep Port just as we planned. If the Pishon River is too shallow, we can decide at the port which of the other trails to take.

I look forward to seeing all of you tomorrow.

Jesse

NOTICE (AUGUST 12)

Welcome to Orillia National Park.

Please be aware that sections of the Rupert River are currently too shallow for canoes and kayaks. Unless you are prepared to carry your boat over those spots, the park advises you to take another trail. For a course that is similar in terms of length and required skill level, we recommend Trail B.

If you would like more information, stop by the park's visitor center.

81. According to the brochure, where does Trail B end?

(A) At a bridge
(B) On an island
(C) In a bay
(D) In a town

82. Why did Mr. Morris visit a Web site?

(A) To review a list of park rules and regulations
(B) To check if the weather has affected any trails
(C) To get a map with directions to a national park
(D) To find out where he can buy bottled water

83. What will Beavers Kayak Club members probably do first when they arrive at the park?

(A) Read a notice
(B) Choose a trail
(C) Rent a canoe
(D) Visit a center

84. Which trail will the Beavers Kayak Club most likely take?

(A) Trail A
(B) Trail B
(C) Trail C
(D) Trail D

85. What is indicated about Trail B?

(A) It is currently inaccessible.
(B) It has recently been extended.
(C) It begins at the visitor center.
(D) It is for experienced paddlers.

81. 正解 (B)

パンフレット中のコースBの説明欄に Lake Kearney: Timber Creek Bridge to Snapper Island (Lake Kearney: Timber Creek Bridge から Snapper Island まで) とあるので、コースBの終点は Snapper Island であるとわかる。よって、(B) On an island (島で) が正解。

橋は起点なので、うっかり (A) を選ばないよう注意が必要です。時間に追われていると、「開店時刻と閉店時刻」「開始時期と終了時期」といった「最初と最後」を見間違えるケアレスミスをしがちになるので、注意しましょう。

82. 正解 (B)

Eメールの第1段落に I checked the park's Web site to see if the dry conditions have affected their trails. (私は乾燥状態がコースに影響を与えているかどうかを公園のウエブサイトで確認しました) とあるので、(B) To check if the weather has affected any trails (天候がコースに影響を与えているかどうかを確認するため) が正解。

名詞 trail は、ここではカヌーやカヤックの「コース」の意味ですが、TOEIC では、特に「山道」の意味で出ます。パート4では、ツアーガイドが、trail map を見ながらハイキングの行程を説明するグラフィック問題が定番です。

83. 正解 (A)

Eメールの第2段落にIf a trail cannot be completed for any reason, the park will put up a notice at their entrance. So, as soon as we get there tomorrow, we'll know if we have to choose a different trail.（何らかの理由でコース上に通れない部分がある場合は、公園の入り口に通知が出ます。なので、明日そこに着いたらすぐ、別のコースを選ぶ必要があるかわかります）とあるので、(A) Read a notice（お知らせを読む）が正解。(B) Choose a trail（コースを選ぶ）はお知らせを読んだ後にやること。

名詞のnotice（お知らせ）は、They're posting notices on a board.（彼らは掲示板にお知らせを掲示しているところだ）といった形でパート1でも出ます。頭に入れておきましょう。

84. 正解 (C)

Eメールの第2段落にBut let's meet up at Waterdeep Port just as we planned. If the Pishon River is too shallow, we can decide at the port which of the other trails to take.（しかし、予定通りWaterdeep Portで会うことにしましょう。もしPishon Riverの水深が浅すぎれば、他のどのコースにするか港で決めましょう）とあるので、Beaversカヤッククラブは、Waterdeep Portを出発して、Pishon Riverを上るコースを取る予定であることがわかる。パンフレットから、そのコースはTrail Cであるとわかるので、(C)が正解。

Eメールに、川の水深が浅すぎる場合は他のコースに変更することが述べられ、お知らせには、川の水深が浅すぎるので代わりにコースBをお勧めすることが書かれているので、そこを関連付けて(B)を選んだ人もいるかもしれませんが、それは引っかけです。よく読むとEメールではPishon River、お知らせではRupert Riverの話をしているので、カヤッククラブの予定には影響がありません。固有名詞をしっかり確認することが大切です。

85. 正解 (D)

お知らせでは、Rupert Riverのコースは水深が浅いので、代わりに必要な技術レベルが似ているコースBが勧められている。パンフレットから、Rupert Riverを通るコースはコースDであるとわかり、その説明にThis course is for experienced paddlers.（このコースは経験豊富な漕ぎ手向けです）とある。コースBはコースDと技術レベルが似ているので、こちらも経験豊富な漕ぎ手向けであるということになる。よって、(D)が正解。

第1－第3文書間のクロス問題です。「4つのコースのうち1つが上級者向け」「そのコースをAさんが選んだ」「つまり、Aさんは上級者だ」のように推測させるクロス問題も定番なので、頭に入れておきましょう。

語注

□ **trail** 名（登山・ハイキングなどの）コース
□ **explore** 動 探索する
□ **adventurous** 形 冒険的な
□ **scenery** 名 景色
□ **recommend** 動 勧める
□ **pleasant** 形 快適な
□ **coastline** 名 海岸線
□ **ideal** 形 理想的な、申し分ない
□ **paddler** 名（カヌーなどの）漕ぎ手
□ **dozens of ～** 多数の～
□ **plenty of ～** たくさんの～
□ **launch** 動（船を）水に浮かべる
□ **paddle** 動（パドルを使って）漕ぐ
□ **all the way to ～** ～までずっと
□ **species** 名（生物分類上の）種
□ **rock formation** 岩石層
□ **port** 名 港
□ **breathtaking** 形 息をのむような
□ **wind** 動（道などが）曲がりながら進む（過去形・過去分詞はwound）
□ **dense** 形 密度の濃い
□ **shallow** 形 浅い
□ **set off** 出発する
□ **experienced** 形 経験豊富な
□ **take in** 見入る

□ **incredible** 形 素晴らしい
□ **rocky** 形 岩だらけの
□ **cliff** 名 崖
□ **at times** 時に
□ **forecast** 名 天気予報
□ **bring up** 取り上げる
□ **affect** 動 影響を与える
□ **statement** 名 発表、声明
□ **below average** 平均以下
□ **complete** 動 すべて終える
□ **put up** 出す
□ **please be aware that ～** ～をご注意ください
□ **unless** 接 ～でなければ
□ **carry** 動（手で）運ぶ
□ **advise** 動 勧める
□ **in terms of ～** ～の点で
□ **required** 形 必要な
□ **review** 動 見直す
□ **rules and regulations** 規約
□ **direction** 名（複数形directionsで）道順
□ **inaccessible** 形 行くことができない
□ **extend** 動 延長する

訳

問題81～85は次のパンフレット、Eメール、お知らせに関するものです。

Orillia National Park 水上コース

カヌーやカヤックでOrillia National Parkを探索しましょう。公園の2つの川と大きな湖が、美しい景色の中を抜けていく冒険的ルートを演出します。利用者はもちろん独自のコースで探索出来ますが、公園の観光案内所は以下のコースをお勧めしています。

コースA	コースB
Lake Kearney: Wallaba Beach から Mosshaven Harbor まで (14キロメートル) Lake Kearneyの南海岸線沿いにあり、どんなレベルの漕ぎ手にも申し分ない快適なコースです。コース沿いには多数のビーチがあり、たくさんのピクニック場からお好きな場所をお選びいただけます。	Lake Kearney: Timber Creek Bridge から Snapper Island まで (22キロメートル) 橋の横からボートを出し、Lake Kearneyまでずっと漕いでいきます。多くの種類の鳥と美しい岩石層で有名なSnapper Island をぜひ探索してください。

コースC Pishon River: Waterdeep Port から Ishmael Bay まで (19キロメートル) 港から湾にかけて、川が原野と密林の中を曲がりくねって流れ、息をのむような景色が楽しめます。このコースは場所によって浅くなることがあるので、出発前に状況を忘れずに確認してください。	コースD Rupert River: Callaway Port から Town of Hudson まで (25キロメートル) このコースは経験豊富な漕ぎ手向けです。岩だらけの崖と歴史的な Town of Hudson の素晴らしい景色をご覧ください。川は浅くなる時があるので、漕ぎ出す前に必ず状況を確認してください。

宛先：　Beavers カヤッククラブ
送信者：Jesse Morris
件名：　カヤック旅行
日付：　8月11日

こんにちは皆さん

News 9の天気予報によると、明日の天気は私たちの Orillia National Park でのカヤック旅行に最適です。その気象予報士は今シーズンの雨量が少ないことも取り上げていたので、私は乾燥状態がコースに影響を与えているかどうかを公園のウエブサイトで確認しました。サイト上の発表によると、すべてのコースは開放されていますが、公園の水位は夏期の平均を下回っているとのことです。

何らかの理由でコース上に通れない部分がある場合は、公園の入り口に通知が出ます。なので、明日そこに着いたらすぐ、別のコースを選ぶ必要があるかわかります。しかし、予定通りWaterdeep Portで会うことにしましょう。もしPishon Riverの水深が浅すぎれば、他のどのコースにするか港で決めましょう。

明日会えるのを楽しみにしています。

Jesse

お知らせ（8月12日）

Orillia National Park へようこそ。

現在、Rupert River のある区間は、カヌーやカヤックには浅すぎますのでご注意ください。これらの場所にボートを運ぶ準備ができていなければ、別のコースを取ることをお勧めします。距離と必要な技術レベルの点で似ているコースとして、コースBをお勧めします。

さらなる情報が必要な場合は、公園の案内所へお立ち寄りください。

81. パンフレットによると、コース B はどこで終わりますか。

(A) 橋で
(B) 島で
(C) 湾内で
(D) 街で

82. Morris さんは、なぜウェブサイトを訪問しましたか。

(A) 公園の規約リストを見直すため
(B) 天候がコースに影響を与えているかどうかを確認するため
(C) 国立公園への道順を示す地図を得るため
(D) ボトル入りの水をどこで購入できるかを調べるため

83. 公園に到着したとき、Beavers カヤッククラブのメンバーはおそらく最初に何をするでしょうか。

(A) お知らせを読む
(B) コースを選ぶ
(C) カヌーを借りる
(D) センターを訪れる

84. Beavers カヤッククラブはおそらくどのコースを取りますか。

(A) コース A
(B) コース B
(C) コース C
(D) コース D

85. コース B について何が示されていますか。

(A) 現在、行くことができない。
(B) 最近延長された。
(C) 案内所から始まる。
(D) 経験豊富な漕ぎ手向けである。

Questions 86–90 refer to the following information, instructions, and review. 18

Patio Stand-Up Garden

(Made by Gardex Craftworks)

The Patio Stand-Up Garden lets you grow so much more in small spaces. Tiered garden boxes, elevated at different heights on sturdy wooden frames, allow flowers and other plants, one above the other, to soak up the sun. You can also grow herbs, tomatoes, peppers, and even leeks and lettuce right on your patio, porch, or balcony. Plus, you won't need to bend over to water or weed this garden, making it easy on your back!

Choose from four different sizes:

Size	Model	Height
Three-tier	SUG-A	1.4 meters
Four-tier	SUG-B	1.8 meters
Five-tier	SUG-C	2.2 meters
Six-tier	SUG-D	2.6 meters

For prices and online ordering, visit gardexcraftworks.com.

Instructions

The following parts are required to assemble your four-tier Patio Stand-Up Garden. Before assembly, make sure to check if all the parts have been included in your shipment. If any are missing, call the Gardex Craftworks customer service department (555-0974) to request they be sent to you.

- 2 cedar side panels (180 cm × 50 cm)
- 1 cedar back panel (180 cm × 110 cm)
- 4 garden box frames
- 8 garden boxes
- 8 water drainage tubes
- 26 screws

Tools needed (not included with product): Phillips screwdriver, hammer

Patio Stand-Up Garden Review

This product is wonderful. I live in an apartment and always thought I'd never have a garden. Then I noticed a Patio Stand-Up Garden on my neighbor's balcony. It looked great, so I bought one for myself. I chose the SUG-C model, which is supposed to come with ten garden boxes, but mine came with nine. That wasn't a big problem, though. All I had to do was call the customer service department, and Gardex Craftworks sent me a box that week. The garden was so easy to put together that I had the whole thing assembled within 20 minutes. All you need is a Phillips screwdriver and a hammer. I've planted an assortment of herbs and flowers, and they're growing very well. Thank you Gardex Craftworks!

Jessica Krueger

86. What does the information NOT explain?

(A) When to plant vegetables
(B) Where to find some prices
(C) Which sizes are available
(D) What can grow in a garden

87. What product model are the instructions most likely for?

(A) SUG-A
(B) SUG-B
(C) SUG-C
(D) SUG-D

88. What are customers advised to do in the instructions?

(A) Set up a garden in a sunny place
(B) Choose a method of shipment
(C) Replace some tubes regularly
(D) Make sure all parts are included

89. What is true about the five-tier Patio Stand-Up Garden?

(A) Its height is 2.6 meters.
(B) Its assembly takes an hour.
(C) It is sold with ten boxes.
(D) It comes with a screwdriver.

90. What is indicated about Ms. Krueger?

(A) She contacted a manufacturer by phone.
(B) She hired someone to assemble a product.
(C) She was sent too many cedar side panels.
(D) She recommended a product to her neighbor.

86. 正解 (A)

情報 (1つ目の文書) の中で、(B) Where to find some prices (どこで価格を確認するか) は、最後の For prices and online ordering, visit gardexcraftworks.com. (価格とオンライン注文は、gardexcraftworks.com まで)、(C) Which sizes are available (どのサイズが入手可能か) は表、(D) What can grow in a garden (何がガーデンで育つか) は You can also grow herbs, tomatoes, peppers, and even leeks and lettuce (ハーブ、トマト、ピーマン、さらにはネギやレタスも育てることができます) が対応している。(A) When to plant vegetables (いつ野菜を植えるか) に関する記述はないので、これが正解。

日本語の「ピーマン」は、英語では pepper や green pepper と言います。「コショウ」の意味の pepper は不可算名詞なので、複数形になりません。ですので、peppers と複数形なら「ピーマン」を指します。TOEIC にも出るので覚えておきましょう。

87. 正解 (B)

説明書の冒頭に The following parts are required to assemble your four-tier Patio Stand-Up Garden. (次の部品が4段の Patio Stand-Up Garden を組み立てるのに必要です) とあるので、この説明書は4段の Patio Stand-Up Garden のものであるとわかる。情報中の表から、4段の Patio Stand-Up Garden の型番は SUG-B であるとわかるので、

(B) が適切。

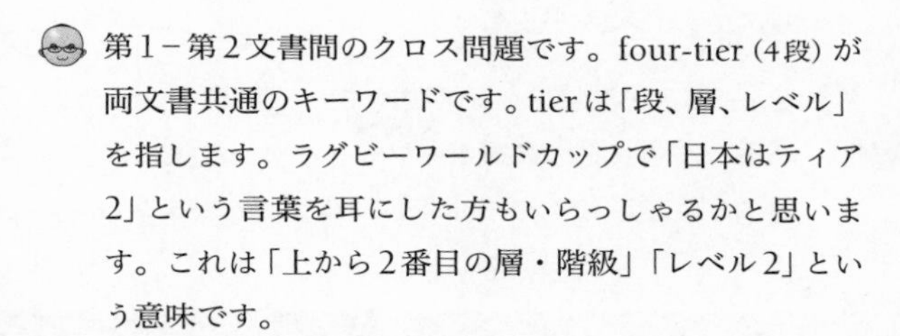

第1－第2文書間のクロス問題です。four-tier (4段) が両文書共通のキーワードです。tier は「段、層、レベル」を指します。ラグビーワールドカップで「日本はティア2」という言葉を耳にした方もいらっしゃるかと思います。これは「上から2番目の層・階級」「レベル2」という意味です。

88. 正解 (D)

説明書に Before assembly, make sure to check if all the parts have been included in your shipment. (組み立てる前に、配送物にすべての部品が揃っていることを確認してください) とあるので、(D) Make sure all parts are included (すべての部品が含まれていることを確認する) が正解。

正解の根拠となる本文中の単語 assembly は、TOEIC 重要語です。語尾が副詞に多い ly ですが、「組み立て、集会」という意味の名詞です。特に assembly line (組み立てライン) の形で頻出します。

89. 正解 (C)

レビューに I chose the SUG-C model, which is supposed to come with ten garden boxes (私は10個のガーデンボックスが付くはずの SUG-C モデルを選びました) とある。また、この SUG-C が5段であることが情報中の表からわかる。よって、(C) It is sold with ten boxes.（ボックス10個付きで販売されている）が正解。

第1－第3文書間のクロス問題です。SUG-C という製品番号が両文書の共通キーワードです。複数文書に共通する固有名詞はクロス問題のヒントになります。

90. 正解 (A)

レビューで Ms. Krueger は、10個付いているはずのガーデンボックスが9個しかなかったが、さほど問題ではなく、All I had to do was call the customer service department（カスタマーサービス部に電話をするだけでよかった）と述べている。よって、(A) She contacted a manufacturer by phone.（メーカーに電話で連絡した）が正解。

TOEIC の世界では、商品が予定通り届くことは少なく、配送遅れや部品不足は日常茶飯事です。客が、「遅れ・ミス・破損」の「配送トリプルパンチ」をお見舞いされることも珍しくありません。

語注

- □**stand-up** 形 直立式の
- □**tiered** 形 階層型の
- □**elevate** 動 上げる
- □**sturdy** 形 丈夫な
- □**allow A to ～** Aに～させる
- □**one above the other** 上下に
- □**soak up** 吸収する
- □**leek** 名 ネギ
- □**patio** 名 中庭
- □**porch** 名 ポーチ、屋根付き玄関
- □**bend over** 腰をかがめる
- □**water** 動 水をまく
- □**weed** 動 雑草を取る
- □**tier** 名 段、層
- □**instruction** 名（複数形 instructionsで）説明書
- □**require** 動 必要とする
- □**assemble** 動 組み立てる
- □**assembly** 名 組み立て
- □**missing** 形 不足している
- □**cedar** 名 ヒマラヤスギ
- □**drainage** 名 排水
- □**screw** 名 ネジ
- □**Phillips screwdriver** プラスドライバー
- □**notice** 動 気付く
- □**neighbor** 名 隣人

□ **be supposed to ～**　～することになっている
□ **put together**　組み立てる
□ **plant**　動 植える
□ **assortment**　名 取り合わせたもの
□ **set up**　設置する
□ **sunny**　形 日当たりの良い
□ **replace**　動 交換する
□ **regularly**　副 定期的に
□ **manufacturer**　名 メーカー、製造業者

訳

問題86～90は次の情報、説明書、レビューに関するものです。

Patio Stand-Up Garden
（Gardex Craftworks 製）

Patio Stand-Up Gardenは、狭い場所でとてもたくさん栽培することを可能にします。頑丈な木枠によって異なる高さに置かれたガーデンボックスは、花や他の植物を上下段々に並べて太陽の光を浴びやすくします。中庭やポーチ、またはバルコニーでハーブ、トマト、ピーマン、さらにはネギやレタスも育てることができます。さらに、このガーデンでは、腰をかがめて水をまいたり雑草を取ったりする必要がないので、背中に負担がかかりません。

4つの異なるサイズからお選びください：

サイズ	型	高さ
3段	SUG-A	1.4メートル
4段	SUG-B	1.8メートル
5段	SUG-C	2.2メートル
6段	SUG-D	2.6メートル

価格とオンライン注文は、
gardexcraftworks.com まで。

説明書

次の部品が4段の Patio Stand-Up Garden を組み立てるのに必要です。組み立てる前に、配送物にすべての部品が揃っていることを確認してください。もし何か不足していたら、Gardex Craftworks カスタマーサービス部（555-0974）に電話をして、送付の依頼をしてください。

・ヒマラヤスギ側面板（180センチ× 50センチ）2個
・ヒマラヤスギ背面板（180センチ× 110センチ）1個
・ガーデンボックスフレーム4個
・ガーデンボックス8個
・排水用チューブ8個
・ネジ26個

必要な工具（製品には含まれていません）：プラスドライバー、ハンマー

Patio Stand-Up Garden レビュー

この商品は素晴らしいです。私はアパートに住んでいるので、庭は持てないとずっと思っていました。ある時私は隣人のバルコニーにあったPatio Stand-Up Gardenに気付きました。それは素晴らしく見えたので、自分でも購入しました。10個のガーデンボックスが付くはずのSUG-Cモデルを選びましたが、私の購入品には9個しか付いていませんでした。しかし、それは大きな問題ではありませんでした。カスタマーサービス部に電話をするだけでよく、その週にGardex Craftworksからボックスが送られてきました。ガーデンの組み立てはとても簡単で、私は20分もかからずに組み立てられました。必要なものは、プラスドライバーとハンマーだけです。私は数種類のハーブと花を植え、そしてそれらはとてもよく育っています。
Gardex Craftworksに感謝します。

Jessica Krueger

86. 情報が説明していないものは何ですか。

(A) いつ野菜を植えるか
(B) どこで価格を確認するか
(C) どのサイズが入手可能か
(D) 何がガーデンで育つか

87. 説明書はおそらくどの製品モデルのものですか。

(A) SUG-A
(B) SUG-B
(C) SUG-C
(D) SUG-D

88. 説明書で顧客は何をするようにアドバイスされていますか。

(A) 日当たりの良い場所にガーデンを設置する
(B) 発送方法を選ぶ
(C) チューブを定期的に交換する
(D) すべての部品が含まれていることを確認する

89. 5段の Patio Stand-Up Garden について何が正しいですか。

(A) 高さは2.6メートルである。
(B) 組み立てに1時間かかる。
(C) ボックス10個付きで販売されている。
(D) ドライバーが付属している。

90. Krueger さんについて何が示されていますか。

(A) メーカーに電話で連絡した。
(B) 商品の組み立てに人を雇った。
(C) 送られてきたヒマラヤスギ側面版の数が多すぎた。
(D) 隣人に商品を勧めた。

Questions 91–95 refer to the following article, e-mail, and floor plan. 19

Stafford Building Opening Soon on Filmore

BRENTON (February 12)—More than a year after construction started, the Stafford Building will open soon in Brenton, bringing more office space, shopping, and dining to the financial district. The building is 14 stories high, and its front entrance opens onto Filmore Street.

The Bramber Bank will move into five of the building's upper floors by the end of the month, and a number of other organizations are set to follow. Building manager Bruce Cartwright declined to reveal which other businesses will be moving in but said they include an accounting firm and insurance agency. The building will also house an art gallery and conference rooms.

A ribbon-cutting ceremony is planned for 10:00 A.M. on March 6. The public is invited to come to the Stafford Building and watch this event or join a tour, which will begin every hour, from 11:00 A.M. until the final tour at 7:00 P.M. The building will officially open on March 25.

E-Mail Message

From: Janice Owens
To: leasingdept@stafford.com
Subject: Retail Space
Date: March 12

To Whom It May Concern:

I attended your ceremony on March 6 and joined the day's first tour. I was so impressed by all aspects of the Stafford Building. It is truly an architectural masterpiece and incredibly modern.

Currently, I own and run a store that sells various cosmetics, skincare, and perfume products at a mall in Benton. Because the lease at my location is set to expire in September and I want to expand my business to include a broader range of merchandise, I hope to move into a slightly bigger location.

I would like to discuss the possibility of leasing a space on your ground floor. My business requires 150 to 200 square meters. It should not be close to any restaurants since the scents of some of the products I sell are strong and could disturb people's dining experience.

If any spaces are vacant, please send me a floor plan indicating which ones are available.

Best regards,

Janice Owens
Mama Allpas Shop

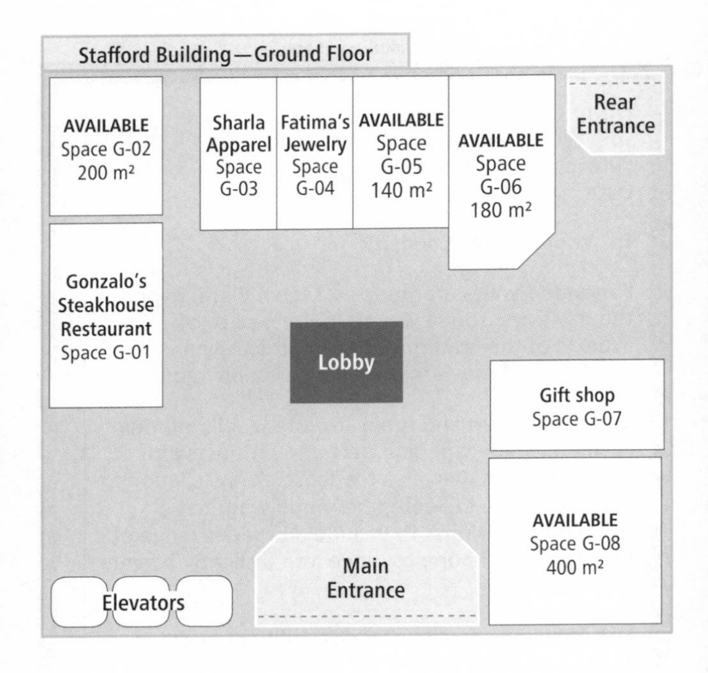

91. What is NOT true about the Stafford Building?

(A) Its construction will be delayed.

(B) An art gallery will be inside the building.

(C) Some of its floors will be occupied by a bank.

(D) It will officially open on March 25.

92. Who is Bruce Cartwright?

(A) An insurance executive
(B) A newspaper reporter
(C) A corporate accountant
(D) A building manager

93. What is indicated about Ms. Owens?

(A) Her business recently closed.
(B) Her tour started at 11:00 A.M.
(C) She is an experienced architect.
(D) She plans to change her place of residence.

94. According to the e-mail, what does Ms. Owens want to do?

(A) Measure the width of a floor
(B) Take photographs of a building
(C) Sell a wider variety of products
(D) Renew a lease at a shopping mall

95. What space will Ms. Owens most likely be interested in leasing?

(A) Space G-02
(B) Space G-05
(C) Space G-06
(D) Space G-08

91. 正解 (A)

(B) An art gallery will be inside the building.（建物内にアートギャラリーが入る）は、記事の第2段落のThe building will also house an art gallery and conference rooms.（ビルには、アートギャラリーと会議室も入ることになっている）に、(C) Some of its floors will be occupied by a bank.（一部の階に銀行が入る）は記事の第2段落のThe Bramber Bank will move into five of the building's upper floors（Bramber Bankは、月末までにビル上層階の5フロアへ移転する）に、(D) It will officially open on March 25.（3月25日に公式にオープンする）は記事の第3段落のThe building will officially open on March 25.（ビルは3月25日に公式にオープンする）に対応している。建設の遅れに関する記述はないので、(A) Its construction will be delayed.（建設は遅れる）が正解。

建設の遅れに関する記述はどこにもないので、他の選択肢の内容を本文と照合しなくても(A)を正解と判断できます。NOT問題でも、このように明らかに本文の内容と合わない選択肢が1つある場合は、すばやく解けます。

92. 正解 (D)

記事の第2段落にBuilding manager Bruce Cartwright(ビル管理人のBruce Cartwright)とあるので、(D) A building managerが正解。

managerは、ここでは建物の「管理人」の意味です。property manager(不動産管理人)の形で出ることもあります。工事現場の責任者を表すsite manager(現場監督)も覚えておきましょう。

93. 正解 (B)

Eメールの第1段落にI attended your ceremony on March 6 and joined the day's first tour.(私は3月6日の式典に参加し、その日の最初のツアーに参加しました)とあり、記事の第3段落にa tour, which will begin every hour, from 11:00 A.M. until the final tour at 7:00 P.M.(午前11時から午後7時まで毎時行われるツアー)とある。最初のツアーは、午前11時開始のツアーということになるので、(B) Her tour started at 11:00 A.M.(彼女のツアーは午前11時に始まった)が正解。

第1－第2文書間のクロス問題です。第1文書から順に読み進め、第2文書のjoined the day's first tourの記述を見た瞬間、クロス問題を意識し、第1文書に戻って時間を確認しておけば、問題がすばやく解けます。

94. 正解 (C)

Eメールの第2段落にI want to expand my business to include a broader range of merchandise（私は事業を拡張してより幅広い商品を取り扱いたい）とあるので、(C) Sell a wider variety of products（より多様な製品を販売する）が正解。

a wide variety of ～と a broad range of ～（共に「幅広い～、多様な～」）は、パート5でも出題例のある重要表現です。覚えておきましょう。

95. 正解 (C)

Eメールの第3段落に My business requires 150 to 200 square meters. It should not be close to any restaurants since the scents of some of the products I sell are strong and could disturb people's dining experience.（私の店は150～200m²を必要とします。私の取り扱う商品のいくつかは香りが強く、お食事の邪魔になる可能性があるので、レストランの近くではない方がいいです）とある。見取り図を見ると、150～200m²の広さで、レストラン（Gonzalo's Steakhouse Restaurant）から離れた場所にあるのは、(C) Space G-06である。

第2－第3文書間のクロス問題です。「条件」と「それに合致する商品・サービス・物件」を選ぶのは、クロス問題の定番です。問題を解き慣れてくると、「あ、これはクロス問題が来るな」といったTOEICの勘が働くようになります。

語注

- □ **construction** 名 建設
- □ **financial** 形 金融の
- □ **district** 名 地区
- □ **story** 名 階
- □ **organization** 名 組織
- □ **be set to ～** ～する予定である
- □ **decline** 動 拒む
- □ **reveal** 動 明らかにする
- □ **accounting firm** 会計事務所
- □ **insurance agency** 保険代理店
- □ **house** 動（建物が店舗などを）入れる
- □ **public** 名（the public で）一般市民
- □ **every hour** 毎時に
- □ **officially** 副 公式に
- □ **attend** 動 参加する
- □ **impress** 動 感銘を与える
- □ **aspect** 名 面、側面
- □ **truly** 副 本当に
- □ **architectural** 形 建築の
- □ **masterpiece** 名 傑作
- □ **incredibly** 副 非常に
- □ **own** 動 所有する
- □ **run** 動 運営する
- □ **various** 形 さまざまな
- □ **perfume** 名 香水
- □ **lease** 名 賃貸借契約

□ **location** 名 店舗
□ **expire** 動 期限が切れる
□ **expand** 動 拡張する
□ **a broad range of ～** 幅広い～
□ **merchandise** 名 商品
□ **possibility** 名 可能性
□ **lease** 動 借りる
□ **scent** 名 香り
□ **disturb** 動 妨げる
□ **vacant** 形 空いている
□ **indicate** 動 示す
□ **rear** 形 後方の
□ **occupy** 動（場所や建物を）使用する
□ **executive** 名 役員、重役
□ **corporate** 名 法人、企業
□ **accountant** 名 会計士
□ **experienced** 形 経験豊富な
□ **architect** 名 建築家
□ **measure** 動 測定する
□ **width** 名 幅
□ **a wide variety of ～** 幅広い～

訳

問題91～95は次の記事、Eメール、見取り図に関するものです。

Stafford Building が Filmore に間もなくオープン

BRENTON (2月12日)——建設開始から1年余、Stafford Building が Brenton に間もなくオープンし、金融街に新たなオフィススペース、ショップ、レストランが加わる。このビルは14階建てで、正面玄関は Filmore Street に面している。

Bramber Bank は、月末までにビル上層階の5フロアへ移転し、他の多くの組織も後に続く予定だ。ビル管理人の Bruce Cartwright は、他のどの企業が移転してくるかについては明かさなかったが、会計事務所と保険代理店が含まれると述べた。ビルには、アートギャラリーと会議室も入ることになっている。

テープカットの式典は3月6日の午前10時に予定されている。一般の人も Stafford Building でのこのイベントを見学したり、午前11時から午後7時まで毎時行われるツアーに参加したりすることができる。ビルは3月25日に公式にオープンする。

送信者：Janice Owens
宛先：　leasingdept@stafford.com
件名：　貸店舗
日付：　3月12日

ご担当者様

私は3月6日の式典に参加し、その日の最初のツアーに参加しました。Stafford Buildingのあらゆる面にとても感銘を受けました。それは本当に建築の傑作であり、非常に現代的です。

現在、私はBentonのモールでさまざまな化粧品、スキンケア用品、香水を販売する店を所有し、運営しています。私の店の賃貸契約は9月に期限が切れることになっており、私は事業を拡張してより幅広い商品を取り扱いたいと考えているので、今より少し大きい場所への移転を望んでいます。

そちらのビルの1階のスペースを借りる可能性について話し合いたいと思います。私の店は150～200m²を必要とします。私の取り扱う商品のいくつかは香りが強く、お食事の邪魔になる可能性があるので、レストランの近くではない方がいいです。もし空いているスペースがありましたら、どこが空いているのか示す間取り図をお送りください。

敬具

Janice Owens
Mama Allpas Shop

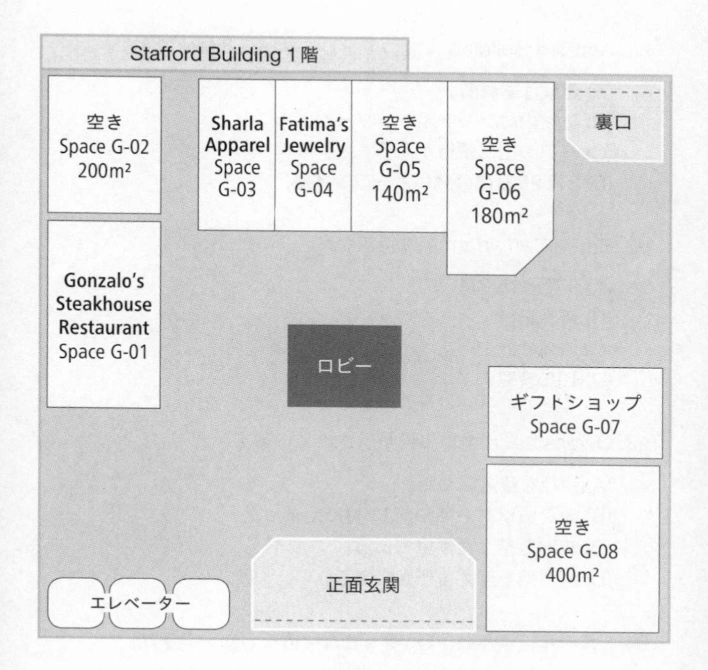
Stafford Building 1階
空き
Space G-02
200m²
Sharla
Apparel
Space
G-03
Fatima's
Jewelry
Space
G-04
空き
Space
G-05
140m²
空き
Space
G-06
180m²
裏口
Gonzalo's
Steakhouse
Restaurant
Space G-01
ロビー
ギフトショップ
Space G-07
空き
Space G-08
400m²
エレベーター
正面玄関

91. Stafford Building について正しくないことは何ですか。

(A) 建設は遅れる。
(B) 建物内にアートギャラリーが入る。
(C) 一部の階に銀行が入る。
(D) 3月25日に公式にオープンする。

92. Bruce Cartwright は誰ですか。

(A) 保険会社役員
(B) 新聞記者
(C) 法人会計士
(D) ビル管理人

93. Owens さんについて何が示されていますか。

(A) 会社を最近閉めた。
(B) 彼女のツアーは午前11時に始まった。
(C) 経験豊富な建築家である。
(D) 居住地を変える予定である。

94. Eメールによると、Owens さんは何をしたいですか。

(A) 床の幅を測定する
(B) 建物の写真を撮る
(C) より多様な製品を販売する
(D) ショッピングモールの賃貸契約を更新する

95. Owens さんが借りることに興味がある可能性が最も高いのはどのスペースですか。

(A) Space G-02
(B) Space G-05
(C) Space G-06
(D) Space G-08

Questions 96–100 refer to the following advertisement, comment card, and e-mail. 20

Power Station Tours

Every year, the public is invited to tour some of Tasmania's hydropower stations. Details for this year's tours are as follows.

Fenwick Hydro Station: Supplying approximately one-quarter of the state's electricity, this station is the largest power producer in Tasmania. Take a tour of the facility and see its operations first-hand. Tours are offered only in September and are free to join.

Hobart Falls Station: Here you can see how electricity is generated from a waterfall. All of the tours start with a short lecture, followed by a 30-minute guided walk through the station. Remember to bring your raincoat!

Draxwell Power Station: This guided tour takes you from the station's original site, built in the early 1900s, to the new facility, where state-of-the-art generators produce electricity for northern Tasmania. Visitors on this two-hour tour will be subject to loud noises and therefore ear plugs will be provided.

Elroe Hill Station: Are you interested in visiting the power station that first provided electricity to people in Tasmania? Then come and take a tour of the Elroe Hill Station, one of Australia's greatest engineering achievements. Tours will run twice a week between 16 May and 22 June.

To register for a tour, please call Tasmania Hydro Tours at 1-800-975-711.

COMMENT CARD

Please give us feedback on your experience touring our power station. Your comments are valuable to us, and we will do our best to incorporate your feedback into future tours.

Name: *John Whelan*

E-mail: *jwhelan@tasmail.com*

Date of Tour: *17 July*

Comments:

The guide did a great job explaining how electricity used to be generated at this site and how it's produced here now. The 20-minute video presentation in the mini-theatre before the tour started was educational. And, after the video, I liked the displays in the museum we walked through. As an engineer, I was delighted to get a close look at the machinery that's been used at both the old and the new stations over the past century.

At the end of the tour, I noticed that my phone wasn't in my pocket. The group had to proceed together, so I couldn't go back and look for it on my own. The guide sent her coworker to try and find it, but he returned empty-handed. Anyway, apart from that misfortune, the two-hour tour was well worth the 10-dollar admission fee.

E-Mail Message

From:	Susan Longwell
To:	John Whelan
Re:	Lost Item
Date:	18 July

Dear Mr. Whelan,

A smartphone matching the description of the one you reported missing, inside a case engraved with your name, was turned in to our office. The individual who was taking our tour this morning found the phone wedged in the back of a seat in our mini-theatre.

To retrieve your item, you may come to the visitor centre during our office hours: Monday through Friday, from 8:00 A.M. to 3:00 P.M. As another option, we could return it to you by postal mail if that would be more convenient for you. Please call us at 1-800-975-707 to discuss this matter further.

Best regards,

Susan Longwell
Visitor Centre and Tours

96. What is NOT indicated about Hobart Falls Station?

(A) Its visitors can get wet.
(B) Its tour includes a lecture.
(C) It is currently operational.
(D) Its tour takes under half an hour.

97. Which power station did Mr. Whelan most likely visit?

(A) Fenwick Hydro Station
(B) Hobart Falls Station
(C) Draxwell Power Station
(D) Elroe Hill Station

98. Why was Mr. Whelan unable to look for his smartphone?

(A) He had to remain with a tour group.
(B) He had to leave a building by a certain time.
(C) He had to take a train from the station.
(D) He had to meet someone right away.

99. What is indicated about Mr. Whelan's phone?

(A) It was located by a tour guide's assistant.
(B) It had been dropped inside a museum.
(C) It was lost during a video presentation.
(D) It fell out of his pocket after a tour.

100. What does Ms. Longwell offer to do for Mr. Whelan?

(A) Send an item to him by mail
(B) Contact him by phone
(C) Wait for him after office hours
(D) Bring a device to him in person

96. 正解 (D)

広告のHobart Falls Stationの説明を見る。(A) Its visitors can get wet.（訪問者は濡れることがある）はRemember to bring your raincoat!（レインコートを忘れずにお持ちください）、(B) Its tour includes a lecture.（見学ツアーには講義が含まれている）はAll of the tours start with a short lecture（すべてのツアーは、短い講義から始まる）、(C) It is currently operational.（現在稼働している）はHere you can see how electricity is generated from a waterfall.（ここでは、滝からどのように電気が作られるかを見ることができます）がそれぞれ対応している。(D) Its tour takes under half an hour.（見学ツアーは30分もかからない）という記述はなく、またa 30-minute guided walk through the station（発電所内の30分間のガイド付き散策）とも合わない。

講義の後、30分間のガイド付き散策があるので、この見学ツアー（講義＋散策）の長さは30分以上です。(D)の内容が本文の記述と明らかに合致しないので、他の3つの選択肢の内容を本文と細かく照合する必要はありません。

97. 正解 (C)

コメントの第1段落に、As an engineer, I was delighted to get a close look at the machinery that's been used at both the old and the new stations over the past century. (過去1世紀に渡り新旧両方の発電所で使われてきた機械を間近で見ることができたことは、エンジニアとしてとてもうれしく思いました) とあるので、新旧両方の発電所を見学したことがわかる。そして、広告の Draxwell Power Station の説明に、This guided tour takes you from the station's original site, built in the early 1900s, to the new facility, where state-of-the-art generators produce electricity for northern Tasmania. (このガイド付きツアーは、1900年代初頭に建設された旧発電所跡地から、最先端の発電機がタスマニア北部への電力供給を行う新しい施設へとご案内します) とあるので、ここが Mr. Whelan の訪れた発電所ということになる。

第1－第2文書間のクロス問題です。「two-hour tour (2時間のツアー)」という共通のキーワードを手掛かりにして解くこともできます。

98. 正解 (A)

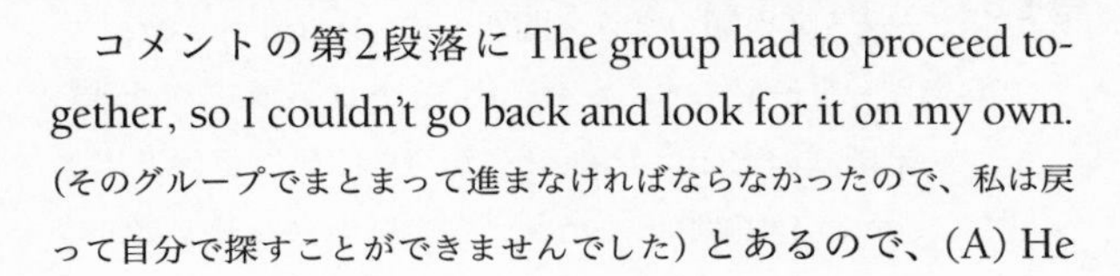

コメントの第2段落に The group had to proceed together, so I couldn't go back and look for it on my own. (そのグループでまとまって進まなければならなかったので、私は戻って自分で探すことができませんでした) とあるので、(A) He had to remain with a tour group.（ツアーグループに留まらなければならなかった）が正解。

TOEICの世界でも、実社会同様、持ち物の紛失が多発します。ただし、犯罪のない世界なので、盗難の恐れはありません。忘れ物は確実に見つかります。

99. 正解 (C)

Eメールの第1段落にThe individual who was taking our tour this morning found the phone wedged in the back of a seat in our mini-theatre.（今朝ツアーに参加していた人が、ミニシアターの座席の後ろにその携帯電話が挟まっているのを見つけました）とあるので、Mr. Whelanがミニシアターで携帯電話を失くしたことがわかる。また、コメントの第1段落にThe 20-minute video presentation in the mini-theatre before the tour started was educational.（ツアーが始まる前のミニシアターでの20分間のビデオプレゼンテーションは、勉強になりました）とある。ここからミニシアターでビデオプレゼンテーションを見ている最中に携帯電話を紛失したとわかるので、(C) It was lost during a video presentation.（ビデオプレゼンテーション中に紛失した）が正解。

第2－第3文書間のクロス問題です。「mini-theatre」が共通キーワードです。なお、theatreは英国式の表記です。米国式の表記はtheaterで、TOEICでは両方出ます。center（米国式）とcentre（英国式）も合わせて覚えておきましょう。

100. 正解 (A)

Eメールの第2段落で、営業時間中に案内所で受け取ることができると説明した後、As another option, we could return it to you by postal mail if that would be more convenient for you.（別の方法としては、もし郵便での返却の方がよろしければ、そのようにいたします）と述べている。郵送での返却を申し出ているので、(A) Send an item to him by mail（郵便で品物を彼に送る）が正解。

皆さん、お疲れ様でした。トリプルパッセージの解き方のコツがつかめたでしょうか。是非、本書で得たノウハウを生かしてトリプルパッセージを攻略し、制限時間内に全問解き終わることを目標にしてください。

語注

- □ **power station** 発電所
- □ **public** 名 (the publicで) 一般の人
- □ **tour** 動 見学する
- □ **hydropower** 名 水力発電
- □ **as follows** 次の通り
- □ **supply** 動 供給する
- □ **approximately** 副 約
- □ **facility** 名 施設
- □ **operation** 名 稼働
- □ **first-hand** 副 直接

□ **generate** 動 生み出す、発生させる
□ **waterfall** 名 滝
□ **state-of-the-art** 形 最先端の
□ **generator** 名 発電機
□ **be subject to ～** ～にさらされる
□ **ear plug** 耳栓
□ **achievement** 名 偉業、業績
□ **register for ～** ～に申し込む
□ **valuable** 形 貴重な
□ **incorporate** 動 取り入れる
□ **educational** 形 教育的な、勉強になる
□ **delighted** 形 とてもうれしく思う
□ **get a close look at ～** ～を間近で見る
□ **proceed** 動 進む
□ **on one's own** 自分で
□ **empty-handed** 副 手ぶらで
□ **apart from ～** ～は別として
□ **misfortune** 名 不運
□ **worth** 形 価値のある
□ **admission** 名 入場
□ **match** 動 一致する
□ **description** 名 記述
□ **engrave** 動 掘り込む
□ **turn in to ～** ～へ届ける
□ **individual** 名 個人
□ **wedge** 動 押し込む

□ **retrieve** 動 受け取る、取り戻す
□ **postal** 形 郵便の
□ **convenient** 形 都合の良い
□ **operational** 形 稼働可能な、稼働している
□ **locate** 動 (場所を) 見つける
□ **device** 名 機器、装置
□ **in person** 直接

訳

問題96～100は次の広告、コメントカード、Eメールに関するものです。

発電所ツアー

毎年、タスマニアの水力発電所の見学ツアーに一般の方をご案内しています。今年のツアーの詳細は次の通りです。

Fenwick Hydro Station：この発電所は、州の電力の約4分の1を供給するタスマニアで最大の発電所です。この施設のツアーに参加して、稼働する様子を直接ご覧ください。ツアーは9月のみ行われ、参加は無料です。

Hobart Falls Station：ここでは、滝からどのように電気が作られるかを見ることができます。すべてのツアーは短い講義から始まり、その後に発電所内を30分間、ガイド付きで散策します。レインコートを忘れずにお持ちください。

Draxwell Power Station：このガイド付きツアーは、1900年

代初頭に建設された旧発電所跡地から、最先端の発電機がタスマニア北部への電力供給を行う新しい施設へとご案内します。この2時間のツアーでは大きな音にさらされるので、参加者には耳栓が配られます。

Elroe Hill Station：タスマニアの人々に最初に電力を供給した発電所を訪れることに興味はありませんか。もし興味があれば、オーストラリアで最も優れた工学技術の偉業の1つであるElroe Hill Stationを見学するツアーにご参加ください。ツアーは5月16日から6月22日の間に週2回行われます。

ツアーへのお申込みは、Tasmania Hydro Tours（1-800-975-711）までお電話ください。

コメントカード

発電所を見学した体験についてフィードバックをお願いします。皆様のご意見は私たちにとって大変貴重なもので、今後のツアーに皆様の声を取り入れていけるよう最善を尽くします。

氏名：　John Whelan
Eメール：jwhelan@tasmail.com
ツアー日：7月17日

コメント：
ガイドは、この場所でかつて発電がどのように行われていたか、そして現在ここでどのように行われているかをとても上手く説明してくれました。ツアーが始まる前のミニシアターでの20分間のビデオプレゼンテーションは、勉強になりました。そして、ビデオの後、博物館の中を歩いた時に見た展示物が気に入りました。過去1世紀に渡り新旧両方の発電所で使われてきた機械を間近で見ることができたことは、エンジニアとしてとてもうれしく思いました。

ツアーの最後に、携帯電話がポケットにないことに気付きました。そのグループでまとまって進まなければならなかったので、私は戻って自分で探すことができませんでした。ガイドは同僚に探しに行かせましたが、彼は手ぶらで戻ってきました。とにかく、その不運は別として、2時間のツアーは10ドルの入場料の価値が十分にありました。

送信者：Susan Longwell
宛先：　John Whelan
件名：　紛失品
日付：　7月18日

Whelan 様

あなたの紛失届の記述と一致するスマートフォンが、あなたの名前入りのケースに入って、当事務所に届けられました。今朝ツアーに参加していた人が、ミニシアターの座席の後ろにその携帯電話が挟まっているのを見つけました。

紛失物の受け取りは、月曜日から金曜日の午前8時から午後3時の営業時間に、案内所までお越しください。別の方法としては、もし郵便での返却の方がよろしければ、そのようにいたします。この件に関してさらに詳しくお話しするには、1-800-975-707までお電話ください。

敬具

Susan Longwell
Visitor Centre and Tours

96. Hobart Falls Station について示されていないものは何ですか。

(A) 訪問者は濡れることがある。
(B) 見学ツアーには講義が含まれている。
(C) 現在稼働している。
(D) 見学ツアーは30分もかからない。

97. Whelan さんが訪れたのはおそらくどの発電所ですか。

(A) Fenwick Hydro Station
(B) Hobart Falls Station
(C) Draxwell Power Station
(D) Elroe Hill Station

98. Whelan さんは、なぜスマートフォンを探すことができませんでしたか。

(A) ツアーグループに留まらなければならなかった。
(B) ある特定の時間までに建物を出なければならなかった。
(C) 駅から電車に乗らなければならなかった。
(D) 直後に人に会わなければならなかった。

99. Whelanさんの電話について何が示されていますか。

(A) ツアーガイドのアシスタントが見つけ出した。
(B) 博物館の中に落ちていた。
(C) ビデオプレゼンテーション中に紛失した。
(D) 見学ツアーの後にポケットから落ちた。

100. Longwellさんは Whelanさんに何をすると申し出ていますか。

(A) 郵便で品物を彼に送る
(B) 電話で彼に連絡する
(C) 営業時間後に彼を待つ
(D) 機器を直接彼に届ける

著者紹介

神崎 正哉（かんざき・まさや）

1967年、神奈川県生まれ。やどかり出版株式会社代表取締役。神田外語大学准教授。東京水産大学（現東京海洋大学）海洋環境工学科卒。テンプル大学大学院修士課程修了（英語教授法）。TOEIC® L&R Test は、1997年11月～2017年11月の間に146回受験し、990点（満点）99回取得。TOEIC® Speaking Test 200点（満点）、TOEIC® Writing Test 200点（満点）、英検1級、国連英検特A級、ケンブリッジ英検CPEなど、英語の資格を多数保持。著書に『新TOEIC® TEST 出る順で学ぶボキャブラリー990』（講談社）、共著書に『TOEIC® TEST 新形式模試 はじめての挑戦』（yadokari）などがある。

TEX加藤（テックス・かとう）

1967年、大阪府生まれ。神戸市外国語大学外国語学部英米学科卒。一般企業での約20年の勤務を経て、2010年、TOEIC TEST講師に転身。現在、専門学校 神田外語学院で専任講師を務める。2008年6月以降、100回以上TOEIC TESTを継続受験し、最新の傾向を授業や著書に反映している。2019年、990点の通算取得回数100回を達成。英検1級。著書に『TOEIC® L&R TEST 出る単特急 金のフレーズ』『TOEIC® L&R TEST 出る単特急 銀のフレーズ』『TOEIC® L&R TEST 出る単特急 金のセンテンス』『TOEIC® TEST入門特急 とれる600点』（以上、小社）、『TOEIC® L&Rテスト 文法問題 でる1000問』（アスク）、共著に「TOEIC® L&R TEST 読解特急シリーズ」（小社）など多数ある。

Daniel Warriner（ダニエル・ワーリナ）

1974年、カナダ、ナイアガラフォールズ生まれ。ブロック大学英文学科卒。1998年来日。北海道大学、都内の英語学校でTOEIC® L&R Test 対策、英会話を教えるとともに、講師トレーニング及び教材開発に携わる。現在、翻訳会社に勤務。共著書に「1駅1題 TOEIC® L&R TEST 読解特急」シリーズ（小社）、『はじめての新TOEIC® TEST 完全総合対策』（IBC パブリッシング）、『TOEIC® TEST 新形式模試 はじめての挑戦』（yadokari）などがある。

TOEIC® L&R TEST 読解特急6
トリプルパッセージ編

2020年11月30日　第1刷発行
2022年 2 月20日　第2刷発行

著　者　神崎 正哉
TEX 加藤
Daniel Warriner

発行者　三宮 博信

装　丁　川原田 良一
本文デザイン　コントヨコ
イラスト　cawa-j ☆ かわじ

印刷所　大日本印刷株式会社
発行所　朝日新聞出版
〒104-8011 東京都中央区築地 5-3-2
電話 03-5541-8814（編集） 03-5540-7793（販売）

Published in Japan by Asahi Shimbun Publications Inc.
ISBN 978-4-02-331884-7
定価はカバーに表示してあります。
落丁・乱丁の場合は弊社業務部（電話 03-5540-7800）へご連絡ください。
送料弊社負担にてお取り替えいたします。